原油价格波动分析

ANALYSIS OF CRUDE OIL PRICE FLUCTUATION

何 鸿 / 著

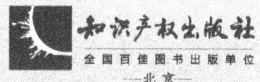

图书在版编目（CIP）数据

原油价格波动分析/何鸿著. —北京：知识产权出版社，2021.12
ISBN 978-7-5130-7703-3

Ⅰ.①原… Ⅱ.①何… Ⅲ.①原油价格—物价波动 Ⅳ.①F407.22

中国版本图书馆 CIP 数据核字（2021）第 181597 号

责任编辑：兰　涛　王海霞　　　　　　责任校对：谷　洋
封面设计：春天书装·郑重　　　　　　责任印制：孙婷婷

原油价格波动分析
何　鸿　著

出版发行	知识产权出版社有限责任公司	网　　址	http://www.ipph.cn
社　　址	北京市海淀区气象路50号院	邮　　编	100081
责编电话	010-82000860 转 8325	责编邮箱	lantao@cnipr.com
发行电话	010-82000860 转 8101/8102	发行传真	010-82000893/82005070/82000270
印　　刷	北京虎彩文化传播有限公司	经　　销	新华书店、各大网上书店及相关专业书店
开　　本	787mm×1092mm　1/16	印　　张	9.5
版　　次	2021 年 12 月第 1 版	印　　次	2021 年 12 月第 1 次印刷
字　　数	150 千字	定　　价	68.00 元

ISBN 978-7-5130-7703-3

出版权专有　侵权必究
如有印装质量问题，本社负责调换。

前　言

随着人均收入的提高，我国原油需求量日益攀升，2021年对外依存度高达72%。电动汽车的快速推广将使我国原油需求峰值显著降低，但预计未来20年仍难达峰。因对达峰的判断复杂化，同时使得对油价的预测和原油供应安全问题也变得复杂化。分析原油价格的影响因素，探讨油价波动规律，能为中国能源企业投资决策、国家石油安全战略的判定提供一定的理论参考，对统筹发展与安全也有一定的参考意义。本书不仅分析了欧佩克的产量行为特征，也基于经验模态分解算法对原油价格进行了分解分析，并结合定性分析，总结了原油价格的影响因素和变化特点，同时基于经验模态分解算法，分析了供应中断前后油价的变化与近期原油价格暴跌暴涨的原因，展望了低碳技术进步和页岩油冲击背景下"欧佩克+"的原油市场影响力以及未来油价走势，提出了保障中国石油安全的对策。由此，本书主要得出以下结论。

（1）提出原油价格主要由长期走势价格、中期调整的影响和短期市场供需失衡三部分构成。长期走势价格是由替代能源价格技术、消费国的购买能力和非欧佩克产油国对欧佩克的竞争三种因素共同决定的，反映了平稳市场的油价走势。长期走势价格为预测油价的变化提供了参考，特别是在油价与长期走势价格相差较大时具有回归长期走势价格的趋势，但油价在大部分时间里总是高于或低于长期走势价格。

（2）提出欧佩克应对美国页岩油快速增产的最佳策略：①把俄罗斯等非欧佩克原油出口国和地区拉入更广泛的原油减产联盟"欧佩克+"，巩固了"欧佩克+";②利用价格战迫使其他原油出口国顺从沙特阿拉伯的决策,也使美国页岩油生产开始自律;③与页岩油共存。

(3) 当前欧佩克依靠"欧佩克+"仍具有较强的市场控制力,较好地应对了页岩油快速增产对油价的冲击。非欧佩克国家不具备挑战"欧佩克+"的竞争力。

(4) 低油价并非常态。在低碳技术过渡期,国际油价将处于中高水平,中长期仍要做好应对中高油价的准备。当前直至2035年,由于低碳转型期能源短缺导致原油、天然气价格处于高位,将传导至原材料、基础材料、农业等领域,全球将面临较大通胀压力。在宏观经济政策上应未雨绸缪,做好应对通胀的准备——应该扩大原油储备规模,加大力度鼓励各类企业开采页岩油,开发利用南海石油资源,加强与原油出口国的合作,以扩大产能,增加原油供应。

目 录

第1章 绪 论 ………………………………………………………… 1
1.1 文献综述 ……………………………………………………… 2
1.2 研究内容与研究方法 ………………………………………… 3

第2章 石油资源与产业发展状况 ………………………………… 5
2.1 常规石油资源分类与分布 …………………………………… 5
2.2 非常规石油资源分类与分布 ………………………………… 5
2.3 石油最终可采储量探讨 ……………………………………… 8
2.4 石油行业与市场状况 ………………………………………… 10

第3章 欧佩克战略行为及其对油价的影响 ……………………… 20
3.1 欧佩克简介 …………………………………………………… 20
3.2 欧佩克历史回顾 ……………………………………………… 22
3.3 影响欧佩克战略行为的因素分析 …………………………… 25
3.4 欧佩克产量行为的定量分析 ………………………………… 30
3.5 欧佩克对国际油价的影响（控制）能力 …………………… 42

第4章 原油价格变化特征研究 …………………………………… 51
4.1 原油价格构成与分类 ………………………………………… 51
4.2 原油价格影响因素分析 ……………………………………… 52
4.3 油价形态特征 ………………………………………………… 60
4.4 油价形成模型研究 …………………………………………… 62
4.5 基于经验模态分解算法的原油价格变化趋势与影响因素分析 … 63

4.6 重大供应中断前后油价的变化研究 ·· 70
4.7 未来原油价格展望 ··· 78

第5章 美国页岩油产业的兴起与欧佩克的应对策略 ························ 82
5.1 美国页岩油产业概况 ·· 83
5.2 美国页岩油成本状况 ·· 85
5.3 欧佩克的应对策略 ··· 90

第6章 近期国际原油价格暴跌暴涨原因分析及应对 ························ 97
6.1 国际原油价格暴跌的原因 ·· 98
6.2 国际原油价格暴涨的原因 ·· 102
6.3 未来油价展望 ··· 111
6.4 近期油价影响因素及应对建议 ·· 112

第7章 原油供应安全应对 ·· 115
7.1 美国石油安全战略 ··· 115
7.2 中国石油安全形势 ··· 117
7.3 扩大原油战略储备 ··· 118
7.4 加快页岩油开发 ·· 119
7.5 加快开发南海石油资源 ··· 121
7.6 加深与原油出口国的合作 ·· 123

第8章 中长期国际原油供需形势 ·· 124
8.1 世界经济与人口增长前景 ·· 124
8.2 世界原油需求展望 ··· 131
8.3 世界原油供应展望 ··· 139

第9章 结 语 ·· 141

参考文献 ·· 143

第1章 绪 论

石油不仅是重要的能源，提供了交通运输领域所需的绝大部分燃料，还是重要的化工原料，充足的石油供应是现代经济发展的基础，同时，石油还是部分资源国赖以生存的基础。石油因其独特的战略地位对世界发展进程产生了重大的影响：丰富的石油资源有助于美国在20世纪上半叶发展成为世界头号强国；缺乏石油使德国和日本在"二战"中处于不利的境地，最终彻底战败；"二战"结束后的近30年里，由于廉价、充足的石油供应，西方发达国家的经济发展速度惊人，北约组织的整体实力远远领先于华约组织，最终导致苏联的解体和华约的解散；两次石油危机期间暴涨的油价造成发达国家经济衰退、高通胀和失业率上升；石油也是两伊战争、海湾战争和伊拉克战争的导火索之一。石油成为大国关注的焦点和外交政策制定过程中优先考虑的内容。

油价高低调节着石油的勘探、生产、消费，引导着财富转移。过高的油价加速了财富向石油出口国的转移，过低的油价则既不利于节约使用石油，也不利于石油出口国的稳定。

我国自1993年成为石油净进口国以来，石油消费量和对外依存度不断上升，国内石油产量的增速赶不上需求的增速，未来我国石油供需形势将更加严峻，对进口石油的依赖程度将日益加大。2020年我国石油消费量超过6亿吨，国内石油产量约1.95亿吨，石油对外依存度上升到72%。本书的研究对国家石油政策和石油安全战略的制定提供了重要的理论基础，对确保国家经济的健康发展和国家安全具有一定的理论与现实意义。

1.1 文献综述

20世纪70年代的石油危机使油价暴涨,造成发达国家经济滞胀,原油价格首次成为热门研究选题,相关研究主要围绕欧佩克的战略行动及其原油价格控制能力。中国自1993年成为原油净进口国后,国内有关研究开始兴起,2000年以来油价逐渐回暖并于2008年创下历史最高价,至2016年原油价格暴跌至30美元/桶左右之前,国内相关研究主要围绕原油价格预测、定价机制、石油安全、页岩油对油价的影响、对策研究等方面(查道炯,2005)。美国自2010年页岩油开采取得重大突破后,逐渐实现油气独立,不再依赖中东原油供应,原油价格逐渐走低,2016年和2021年出现两次油价暴跌行情,原油价格研究热度不再。但出乎绝大部分人士预料,原油现货价格在2021年3月沙特阿拉伯与俄罗斯打价格战触底10美元/桶后一路上扬,截至2022年8月,油价已突破90美元/桶,全球面临较大通胀压力,油价再度成为热点、难点问题,且涉及低碳转型、替代能源技术成本、能源政策、页岩油的开发利用、国际政治等多方面影响因素,复杂性前所未有。研究低碳转型期油价上涨的原因,把握未来油价走势,对我国能源安全、经济安全、碳达峰和碳中和等领域的统筹发展与安全具有较大的理论和实践意义。1951—2020年国际原油价格如图1-1所示。

第 1 章 绪 论

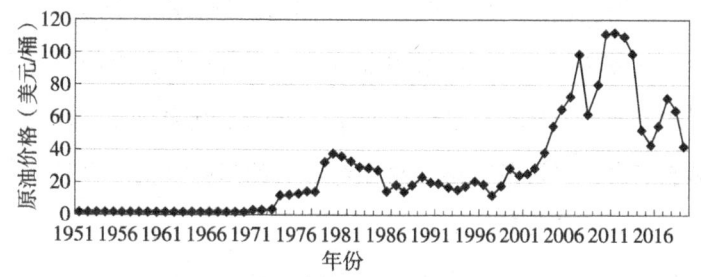

图 1-1 1951—2020 年国际原油价格

数据来源：《bp❶世界能源统计年鉴（2021）》。

1.2 研究内容与研究方法

本书共分 9 章，主要研究内容和方法如下。

第 1 章阐述了石油的重要战略地位，说明了分析原油价格变化以及研究中国石油安全战略的重要意义，概述了相关领域的研究进展，并介绍了本书的研究内容与研究方法。

第 2 章首先介绍了石油资源分布现状和石油产业发展概况，分析了世界石油供需格局及其发展趋势。其次，探讨了石油最终可采储量（Ultimately Recoverable Resource，URR），在此基础上，分析了未来一段时期的石油供应保障程度。最后，依据石油工业所处生命阶段、石油市场结构和原油价格稳定性三个方面初步划分了石油工业的发展阶段。

第 3 章首先分析了欧佩克的主要特征、战略目标和实施手段，回顾了欧佩克成立以来的战略行为及其对油价的影响，并分析了各种影响因素对欧佩克战略政策的影响。其次，根据产量与油价、储量和国情之间的关系，将欧佩克成员国进行分类，研究了不同类型成员国的行为特征及其在

---

❶ bp 是英国石油公司的简称。

欧佩克中的作用。再次，以1971—2008年的油价和产量数据，采用回归方法，检验了欧佩克的卡特尔模型和竞争模型；对比欧佩克的产量和非欧佩克产油国的产量与原油价格变化的关系，分析了欧佩克在短期和长期上对油价的影响能力，以及各时期欧佩克对油价的影响能力。最后，对欧佩克未来的石油供应地位进行了展望。

第4章首先分析了原油价格的影响因素和各时期油价的变化特征。其次，以欧佩克的市场份额、石油花费占世界GDP的比重、美国总库存和美元指数四个变量，采用回归法拟合油价函数，模拟分析了各变量对油价的影响。再次，基于经验模态分解（Empirical Mode Decomposition，EMD）算法对原油价格进行了分解分析，结合定性分析研究了原油价格的影响因素和变化特点；总结了长期走势因素、中期调整因素和短期影响因素三个方面对油价的影响；研究分析了重大供应中断前后原油价格的变化。最后，对未来的原油价格走势进行了展望。

第5章研究了欧佩克应对美国页岩油产量快速增加的策略。

第6章分析了近期原油价格暴跌和暴涨的原因，并提出对策建议。

第7章分析了我国面临的原油安全形势，提出了保障原油供应安全的对策建议，包括扩大原油战略储备、加快页岩油开发、加快开发南海石油资源、加深与原油出口国的合作等。

第8章展望了中长期国际原油供需形势。

第9章为结语。

第2章 石油资源与产业发展状况

2.1 常规石油资源分类与分布

有机成因理论认为，石油是海藻及海洋动物经沉积、成烃、运移、圈闭等作用最终赋存于含油地层的多孔缝隙中而形成的。石油是由一系列碳氢化合物组成的黏稠状混合物，不同产地和成因的石油的化学成分相差较大，按不同的属性有不同的分类方法。按密度可分为轻质（密度<0.8661 g/cm^3）、中质（密度=0.8662~0.9161g/cm^3）、重质（密度=0.9162~1.0000g/cm^3）和超重质石油（密度>1.0000g/cm^3）；按含硫量可分为低硫石油（含硫量[1]<0.5%）、含硫石油（含硫量=0.5%~2.0%）和高硫石油（含硫量>2.0%）。低硫轻油在原油中所占比重较小，主要分布在非洲、巴西、北海和地中海等地，经济价值最高；含硫轻油在原油中所占比重较大，主要分布在中东和俄罗斯；含硫中油、重油和高硫中油、重油在原油中所占比重最大，主要分布在中东和拉美。

2.2 非常规石油资源分类与分布

非常规石油资源包括油砂、重油、深水石油、页岩油、极地的石油和

---

[1] 此处含硫量为硫的质量分数。

超小油田（表2-1），其中加拿大油砂和美国页岩油正在被大规模开发利用，委内瑞拉重油由于遭受制裁、开采成本高以及炼化较难，故开发利用停滞不前。

表2-1 石油分类

分类	油气名称	简介
常规石油	油藏油	纯天然油藏产的原油
非常规石油	油砂	由地壳表层的沉积砂与沥青、黏土、水等物质形成的混合物
	重油（稠油）	沥青质和胶质含量较高、黏度较大的原油
	页岩油	页岩层系中所含的石油资源
	油页岩油	油页岩经低温干馏后生成的油

2.2.1 重油和油砂资源

随着油气勘探程度的不断提高，油气田勘探和开发条件越来越复杂，常规石油地质储量增长速度将逐渐变缓，目前全球重油和油砂的可采储量约为4000亿吨，是常规石油可采储量的2.5倍。随着常规石油可供利用量的减少，重油将成为21世纪人类的重要能源。

重油和油砂的主要特征是储量规模巨大，世界最大的三个沥青矿，即委内瑞拉奥里诺科（Orinoco）、加拿大阿萨巴斯卡（Athabasca）和俄罗斯阿尔丹（Aldan）拥有的地质储量是世界300个巨型常规油田储量的总和。《bp世界能源统计年鉴2021》显示，超重原油和油砂在其他70多个国家也有分布，但储量较小。加拿大油砂的探明储量为262亿吨，委内瑞拉重油的探明储量为420亿吨。

2.2.2 页岩油资源

油页岩是一种沉积岩，可以捕获与保留石油和天然气的前体。页岩油是在页岩地层中发现的一种非常规石油资源，必须进行水力压裂才能提取油。页岩油可以指两种类型的石油：在页岩地层中发现的原油或从油页岩中提取的油。页岩油和页岩气地层遍布世界各地，技术上可采页岩油资源量较大的国家包括俄罗斯、美国、中国、阿根廷和利比亚。从分布国家上看，美国页岩油资源量最大，技术可采资源量达153.75亿吨，约占全球总量的21%。美国页岩油资源量占比较高的原因主要是其勘查程度较高，远高于世界其他各国，随着页岩油开发的兴起，其他国家的页岩油技术可采资源量将大幅上升。排名第二的国家是俄罗斯，其技术可采资源量为101.77亿吨，约占全球总量的14%。中国排名全球第三，技术可采资源量为43.93亿吨，约占全球总量的6%。

由于水平钻井和水力压裂技术的发展，页岩油开采已经变得可行，这使得石油和天然气生产商能够有效地从页岩地层和其他低渗透岩层中提取资源。渗透率是指流体和气体通过岩石的能力。自20世纪50年代以来，随着美国页岩地层在20世纪70年代和20世纪80年代被发现与开发，水力压裂技术发展迅速。传统上，从页岩地层中提取的页岩油比传统原油更昂贵。此外，该过程有时因其对环境的破坏性影响而受到了批评。尽管如此，自2010年以来，美国页岩油产量大幅增加，这得益于技术上的改进，降低了钻井成本，提高了主要页岩产区的钻井效率，如巴肯、伊格尔福德和二叠纪盆地。美国等发达国家实现了页岩油的地下原位开采，省去了开采运输矿石和地上加工的步骤，直接在地下对页岩油层进行加热，原位裂解，通过采油管将原油输送到地面。

据美国能源信息署（Energy Information Administration，EIA）估计，全球有超过3000亿桶页岩油在技术上是可采的，约占原油资源总量的10%。美国页岩油储量最大的是得克萨斯州西部二叠纪盆地的Wolfcamp/Bone Spring页岩场，其2019年的产量水平为12亿桶，探明储量为111亿桶。二叠纪盆地大部分由主要石油公司开采，包括雪佛龙（Chevron）、埃克森美孚（Exxon Mobil）、bp、壳牌（Shell）和康菲（COP）石油。第二大页岩油田是威利斯顿盆地的 Baken/Three Forks，覆盖北达科他州、南达科他州和蒙大拿州。2019 年，其产量水平为 5.17 亿桶，探明储量为 58 亿桶。雪佛龙是美国最大的页岩油生产商，2020 年，其致密油产量达到 731 万桶/日，占美国石油总产量的近 65%，高于 2018 年的 650 万桶/日和与石油总产量 60% 的水平。石油和天然气行业在估算产量和资源时经常使用术语"致密油"而不是页岩油。这是因为致密油可以从岩层中提取，除了页岩地层外，还包括砂岩和碳酸盐岩。

页岩油在我国也得到了工业化开发，主要分布在吉林省、黑龙江省、陕西省、内蒙古自治区等地，目前产能约为 400 万吨/年。

2.2.3 深水油气资源

深水油气资源勘探潜力较大的地区主要分布在大西洋边缘、中国南海和西非海域。按水深划分四个带：小于 200 米的浅水区、200～500（不含）米的深水区、500～1000 米的超深水区和大于 1000 米的极深水区。深水石油的经济开采条件是单井日产大于 1 万桶。全球大陆架的深水沉积总面积约为 5500 万平方千米，预计储量为 700 亿～1000 亿桶油当量，其中气占大多数。预计到 2025 年，深水区原油产量可达到 500 百万～800 百万桶/日。

2.3 石油最终可采储量探讨

当前同期增加的石油探明储量大于当前石油产量，所以尽管人们每年都会开采一定量的石油，但是近几十年来剩余可采储量一直在增加（图 2-1）。截至 2020 年年底，世界经济可采常规石油探明储量为 17348 亿桶，按 2020 年产量水平可开采 53.5 年；此外，世界上还有大量重油、油砂、页岩油等非常规石油资源,EIA(1998)预测全球非常规石油资源可能达5万亿桶。2004年以来,国际原油价格在30美元/桶以上,加拿大、委内瑞拉等国的油砂和重油得以开发,弥补了非欧佩克产油国常规石油产量的不足。欧佩克(2008)预测到2030年,来自非欧佩克产油国的非传统石油供应量将达到1000万桶/日(约5亿吨/年,含液化煤和生物燃料)。相关数据见表2-2~表2-4。

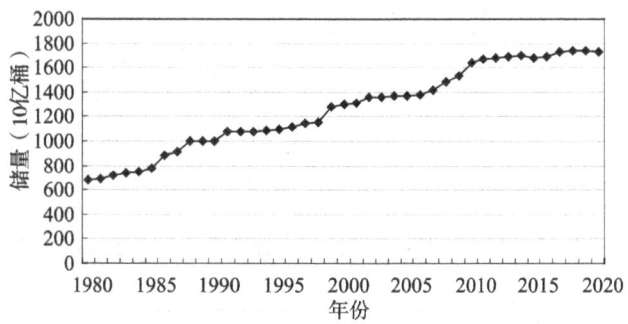

图2-1 1980—2020年世界石油探明储量

数据来源:《bp世界能源统计年鉴(2021)》。

表2-2 常规石油最终可采储量(URR)预测

单位:亿吨

威克斯[a]		哈伯特[b]		内林(兰德)[a]		坎贝尔[b]		美国地质调查局	
年份	URR	年份	URR	年份	URR	年份	URR	年份	URR
1948	610	1969	1350	1978	1700~2300	1989	1578	1987	1796
1949	1010	1973	2000	1979	1600~2000	1990	1650	1991	2079
1958	1500			1982	2400	1995	1750	1994	2272
1959	2000					1996	1800	2000	3021
1972	3560					2002	2195	2019	3879

数据来源:a 来自Clo(2004);b 来自Maugeri(2008)。

表2-3 2002—2006年主要国家油井数和平均单井产量

单位：吨/日

国家	沙特阿拉伯		利比亚		俄罗斯		英国		中国		美国	
年份	总井数	平均单井产量	总井数	平均单井产量	总井数	平均单井产量	总井数	平均单井产量	总井数	平均单井产量	总井数	平均单井产量
2000	1550	711	1436	135	109939	9	1140	312	79162	5.5	552550	1.5
2001	1575	674	1545	125	120680	8	1057	312	75895	5.7	530492	1.5
2002	1525	651	1498	126	118232	9	979	312	95000	4.7	518805	1.5
2003	1780	653	1535	127	118950	10	1032	274	82429	5.2	520318	1.5
2004	1820	665	1590	132	120500	10	1025	247	83958	5.4	509797	1.5
2005	1885	665	1685	134	122657	11	1095	206	138762	3.3	506057	1.4
2006	1900	647	1725	134	125805	11	1045	194	152332	3.1	500785	1.4

数据来源：中国石油经济技术研究院（2007）。

表2-4 1990—2006年美国各类提高采收率方法的年产量

单位：万吨

方法	1990年	1992年	1994年	1996年	1998年	2000年	2002年	2004年	2006年
热力采油	2271	2303	2093	2120	2230	2088	1857	1728	1509
化学采油	59	11	9	1	1	8	0.3	0.3	—
气驱	953	1490	1443	1497	1538	1644	1487	1589	1738
总计	3283	3804	3545	3618	3769	3740	3344.3	3317.3	3247

数据来源：中国石油经济技术研究院（2007）。

2.4 石油行业与市场状况

2.4.1 世界石油储量及供需状况

2020年年底，世界常规石油探明储量为17348亿桶，主要分布在委内瑞拉、沙特阿拉伯、加拿大、伊朗、伊拉克、俄罗斯和科威特等国家（图2-2）。世界石油资源量的探明程度构成如图2-3所示。世界待发现石油资源约为983亿吨，主要分布在中东与北非、北美、俄罗斯和中南美地区

(图 2-4)。2020 年世界共生产原油约 41.6 亿吨,其中主要产油国有美国 (7.1 亿吨)、俄罗斯 (5.2 亿吨)、沙特阿拉伯 (5.2 亿吨)、加拿大 (2.5 亿吨)、伊拉克 (2.0 亿吨) 和中国 (1.9 亿吨) 等 (图 2-5)。近 30 年来,世界石油探明储量稳中有升,从 1980 年的 6672 亿桶增加到 2020 年的 17348 亿桶。1980—1988 年储采比增长较快,从 29 逐渐增长到 43,1989 年以后一段时间稳定在 40～43,由于美国页岩油、委内瑞拉重油以及加拿大油砂可采储量的较快增长,2020 年世界石油储采比为 53.5 (图 2-6),欧佩克的储采比为 106.8,非欧佩克产油国为 24.6,非欧佩克产油国资源正在快速消耗 (图 2-7),石油资源越来越向欧佩克集中。

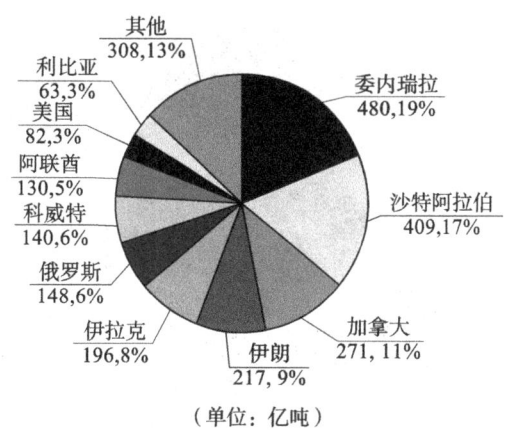

图 2-2　2020 年世界主要国家石油探明储量及占世界石油探明储量的比重
数据来源:《bp 世界能源统计年鉴 (2021)》。

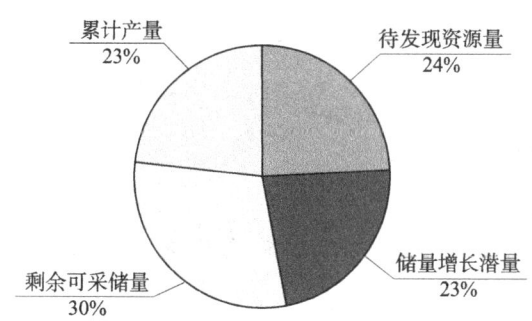

图 2-3　石油资源量的探明程度构成
数据来源:美国地质调查局 (2000)。

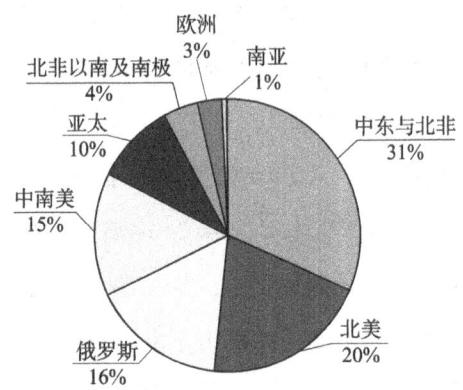

图 2-4　世界待发现石油资源分布比重

数据来源：美国地质调查局（2000）。

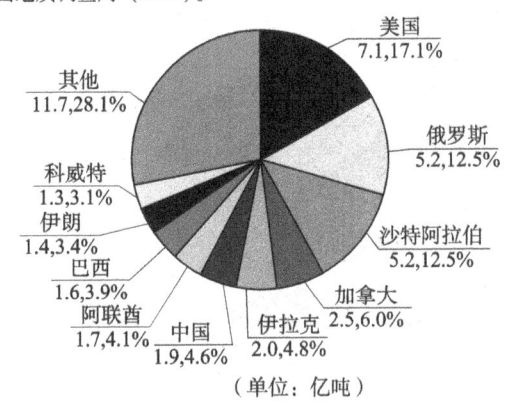

图 2-5　2020 年世界主要国家石油产量及占世界石油产量的比重

数据来源：《bp 世界能源统计年鉴（2021）》。

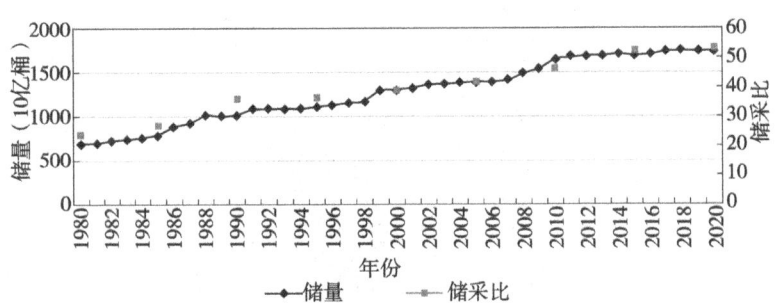

图 2-6　1980—2020 年世界石油探明储量和储采比

数据来源：《bp 世界能源统计年鉴（2021）》。

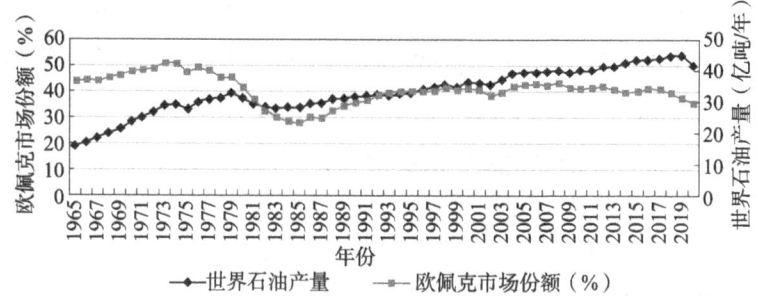

图 2-7　1980—2020 年世界石油产量和欧佩克市场份额
数据来源：《bp 世界能源统计年鉴（2021）》。

由于新冠病毒感染疫情，2020 年世界石油消费量下降至 40.1 亿吨，比 2019 年减少 4.1 亿吨，中国是主要石油消费国家中唯一一个需求增加的——2020 年比 2019 年增加了 0.1 亿吨的石油消费。2020 年主要石油消费国家消费石油量为：美国 7.4 亿吨，中国 6.7 亿吨，印度 2.1 亿吨，沙特阿拉伯 1.5 亿吨，日本 1.5 亿吨（图 2-8）。

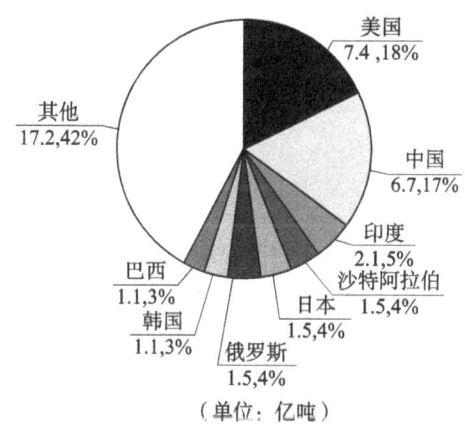

图 2-8　2020 年世界主要国家石油消费量及占世界比重
数据来源：《bp 世界能源统计年鉴（2021）》。

2008 年世界主要国家石油出口状况如图 2-9 所示。

世界石油消费量从 1998 年的 34.4 亿吨增加到 2020 年的 40.1 亿吨，增长了 5.7 亿吨，其中中国增加 4.7 亿吨，占 82.5%；欧佩克自身增加

1.4亿吨,占24.5%;印度增加1.27亿吨;经济合作与发展组织(Organization for Economic Co-operation and Developmel,OECD)(以下简称经合组织)国家下降4亿吨,美国、日本、德国是石油消费量下降最多的几个国家。原油需求曾经主要依赖发达国家,未来的需求增长将绝大部分依赖发展中国家,尤其是印度和非洲国家(图2-10)。

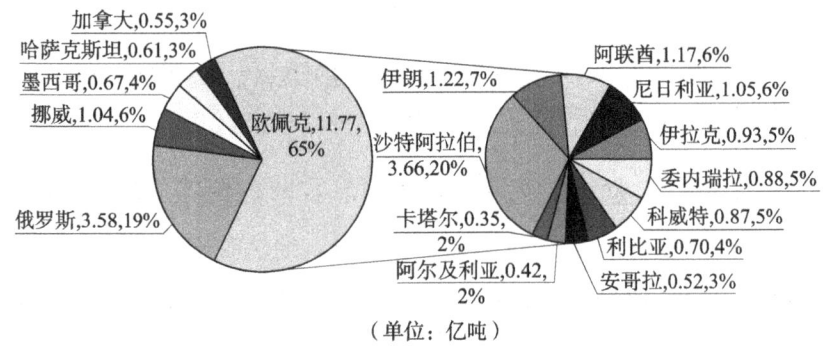

(单位:亿吨)

图 2-9 2008年世界主要国家石油出口量及比重

注:分母为本图出现的国家的石油出口量之和,欧佩克国家数据根据欧佩克2008年年度统计公报计算。

数据来源:《bp世界能源统计年鉴(2009)》。

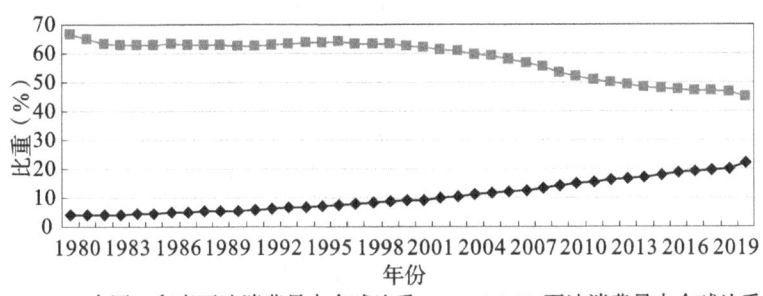

图 2-10 1980—2020年中国、印度与OECD石油消费量占全球比重

数据来源:根据《bp世界能源统计年鉴(2021)》计算。

2.4.2 石油上游成本

石油上游成本包括勘探成本、开发成本和生产成本三部分,上游成本在不同地区的不同油田或在同一个油田因为生产阶段和生产方式的不同而差异较大。中东地区单井产量高，上游成本最低；北美和欧洲的上游成本最高（图2-11、表2-5、表2-6），美国传统油田单井平均日产量不到2吨；一般来说，陆上油田的上游成本比海上油田的上游成本低；油田开发早期上游成本比中后期要低。水平井、压裂技术的推广应用降低了普通油田的开采成本，美国的页岩油开采成本也下降到30~50美元/桶。油价较低时，只开采成本低的区块，成本也随之降低。即使是在开采成本很高的美国，大型能源公司的上游成本也不到原油价格的一半，石油行业的成本占油价的比例呈现下降趋势（图2-12）。1998年国际油价降至10美元/桶以下时，雪佛龙公司声称只要油价高于10美元/桶，公司就能赢利。

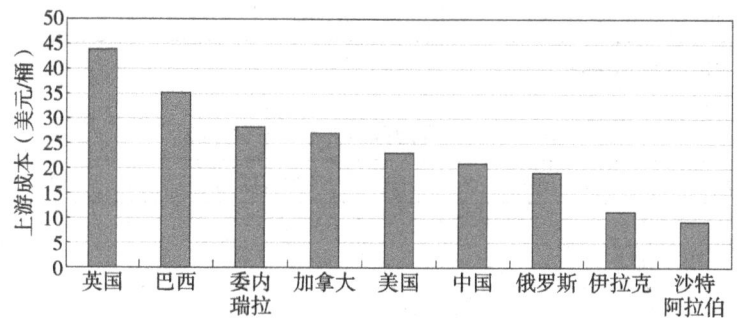

图2-11 2017年部分国家平均石油上游成本

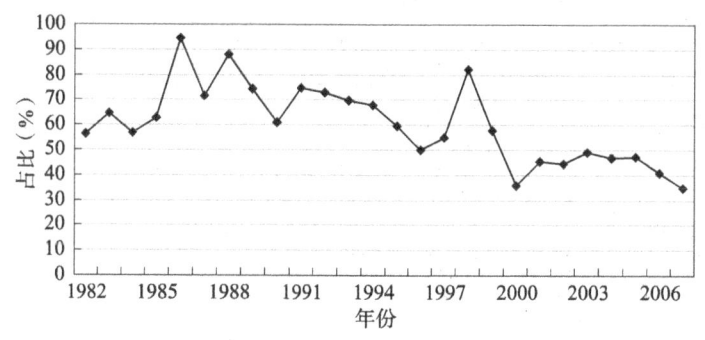

图2-12 1982—2007年美国大型公司在美国以外
地区油气（油当量）上游成本占油价比例

数据来源：成本数据来自美国能源信息署（2009）；价格数据来自《bp世界能源统计年鉴（2009）》。

表2-5 石油直接生产成本（得克萨斯东部石油公司，1985）

成本 （美元/桶）	产量 （百万桶/日）	产能 （百万桶/日）	生产地区
<2	8	15	中东
2~4（不含）	12	15	中东、非洲、北海、南美
4~6（不含）	10	10	北海、美国、非洲、南美
6~8（不含）	6	6	北海、美国、加拿大、南美、亚洲
8~10（不含）	4	4	美国、加拿大、欧洲、亚洲
10~12（不含）	2	2	美国、加拿大、欧洲
12~14（不含）	2	2	美国、加拿大、欧洲
14~24	1	2	美国、加拿大、欧洲
总计	45	56	

数据来源：Clo（2004）。

表2-6 不同地区油井数和开采成本

地质区			成本（美元/桶）	产量（桶/日/井）	井数（口）
中东	陆上	老油田	0.4~0.8	4700~7000	5400
		新油田	0.6~3.0		
	海上	大油田	2.0~4.0	800~1400	
		小油田	3.0~6.0		
非洲	陆上		1.0~3.0	1000	4900
	海上		3.0~6.0		
美国	陆上		2.5~10.0	1363	6000
	海上		3.0~5.0		
北海	北部地区		8.0~20.0	3700	912
	南部地区		4.0~10.0		
	边际油田		15.0~25.0		

数据来源：Clo（2004）。

2.4.3 石油工业发展阶段

埃克森（Exxon）、美孚（Mobil）、雪佛龙、德士古（Texaco）、海湾石油（Gulf）、英国石油（bp）和荷兰皇家壳牌石油（Royal Dutch Shell）公司曾被称为"石油七姐妹"，20世纪五六十年代曾经是石油市场的寡头，其石油产量超过世界石油总产量的一半，这些公司通过协调各自的石油产量，控制原油价格，使1961—1970年的油价稳定在1.8美元/桶（阿拉伯轻油挂牌价格）。20世纪五六十年代的石油储量、产量和消费量都经历了快速增长。石油工业各发展阶段的特征见表2-7。

表2-7 石油工业各发展阶段的特征

阶段	时期	所处生命周期阶段	市场结构	价格波动性
1	1859—1900年	成立	竞争到准垄断	低度—中度
2	1901—1940年	发展	竞争	低度
3	1941—1970年	成长	寡头垄断、协调	高度
4	1971—1985年	成熟	松散的卡特尔主导的竞争（欧佩克与非欧佩克产油国）	低度
5	1986—2003年	成熟	松散的卡特尔主导的竞争（欧佩克与非欧佩克产油国）	中度
6	2004—2015年	成熟	竞争（欧佩克与非欧佩克产油国、替代能源与石油）	低度
7	2016至今	成熟	竞争（"欧佩克+"与非欧佩克产油国、电动汽车与石油）	剧烈

20世纪七八十年代，各资源国逐步将"石油七姐妹"租让的石油资源国有化（将外国石油公司在本国的资产逐步收为国有），截至1990年，"石油七姐妹"公司的石油生产市场份额仅剩15%，欧佩克成员国的国有石油公司成为国际石油市场上的主宰。资源国的石油国有化运动标志着石油市场迈入"石油七姐妹"公司、其他较大的私有石油公司、非欧佩克石

油出口国的国有石油公司和欧佩克成员国的国家石油公司相互竞争的时代，其中欧佩克作为石油产量的调节者，通过控制石油产量来抬高油价，其他供应者作为竞争者，则根据原油价格、储量和成本等确定产量规模。

20世纪90年代末，"石油七姐妹"重组演化为"石油四姐妹"，即埃克森美孚、荷兰皇家壳牌、英国石油公司和雪佛龙德士古，2000年以来，这四家石油公司的全球产量份额约为10%，老牌国际石油公司的市场影响力越来越小（表2-8、表2-9）。当前非欧佩克国家的较大的国有石油公司有中国石油天然气集团公司、俄罗斯国家天然气工业股份公司、巴西石油公司和马来西亚国家石油公司；其他较大的国际石油公司有法国道达尔公司和意大利埃尼公司等。2018年以来，电动汽车蓬勃发展，石油作为交通运输燃料，第一次面对替代能源的激烈竞争，预计到2045年，全球一半以上的汽车将是电动汽车。

表2-8　1950—2006年老牌国际石油公司的石油产量及其占全球石油产量的比例

（单位：百万桶/日）

公司	1950年	1960年	1970年	1980年	1990年	1995年	1998年	2006年
埃克森	1.3	2.5	6.1	4.0	1.7	1.7	1.6	2.7
海湾石油	0.5	1.6	3.2	1.2	0	0	0	0
雪佛龙	0.4	1.0	2.6	3.0	0.9	1.0	1.1	1.7
德士古	0.5	1.4	3.2	3.3	0.8	0.8	0.9	0
美孚	0.3	0.8	2.1	2.0	0.9	0.8	0.9	0
荷兰皇家壳牌	0.9	2.0	5.1	3.7	1.9	2.2	2.4	1.9
英国石油	0.7	1.5	4.0	2.4	1.3	1.2	2.0	2.5
全球产量	8.5	18.7	40.0	47.9	51.3	56.4	62.5	81.5
所占比例（%）	54	58	66	41	15	14	14	11

数据来源：1950—1998年数据来自Clo（2004），2006年数据来自欧佩克2006年年度统计公报。

注：1984年雪佛龙收购海湾石油；1998年埃克森与美孚合并；2000年雪佛龙与德士古合并。

表 2-9 2020 年世界十大石油公司概况

排行	公司名称	原油储量（亿吨）	天然气储量（亿立方米）	原油产量（万吨/年）
1	沙特阿拉伯国家石油公司	318.7	53964	56105
2	伊拉克国家石油公司	203	35425	22880
3	俄罗斯石油公司	36.3	19677	18550
4	中国石油天然气集团公司	48.1	43808	18175
5	伊朗国家石油公司	217.8	320180	17675
6	科威特国家石油公司	142.2	17576	15085
7	埃克森美孚公司	20.4	13332	11930
8	巴西国家石油公司	11.4	2437	11270
9	英国石油公司	16.1	12913	11055
10	阿布扎比国家石油公司	137.9	34337	10715

数据来源：《美国石油情报周刊》。

第3章 欧佩克战略行为及其对油价的影响

欧佩克成员国自20世纪70年代纷纷收回石油资源主权，到20世纪80年代已基本实现对石油资源的国有控制。欧佩克拥有世界上70%的石油探明储量和绝大部分剩余产能，其战略行为是影响油价的极其重要的因素。分析欧佩克战略行为特点和影响因素，有助于理解欧佩克的战略行为对油价的影响。本章将回顾欧佩克的历史，分析各种影响因素对欧佩克战略政策的影响，依据产量与油价、储量和国情之间的关系，将欧佩克成员国进行分类，采用回归模型研究欧佩克的产量行为特征，分析欧佩克的短期和长期油价影响力，最后对欧佩克未来的供应地位进行展望。

3.1 欧佩克简介

1960年9月14日，伊朗、伊拉克、科威特、沙特阿拉伯和委内瑞拉5国宣告成立石油输出国组织（Organization of Petroleum Exporting Countries，OPEC，以下简称欧佩克），决定联合起来共同对抗西方石油公司，维护石油收入，随着成员国的增加，欧佩克逐渐发展成主要石油出口国的国际性石油组织。当前，该组织由13国组成：阿尔及利亚、安哥拉、刚果（布）、赤道几内亚、加蓬、伊朗、伊拉克、科威特、利比亚、尼日利亚、沙特阿拉伯、阿拉伯联合酋长国（以下简称阿联酋）、委内瑞拉（表3-1）。卡塔尔于2019年1月退出欧佩克，厄瓜多尔于2020年1月1日退出欧佩克。欧佩克旨在通过消除有害的、不必要的油价波动,来确保国际石油市场上原油价格的稳定,保证各成员国在任何情况下都能获得稳定的石油收入,并为石油消费国提供足够、经济和长期的石油供应。欧佩克成员国对市场形势和市场走向加以分析预测,明确经济增长速率和石油供求状况等多项基本因素,然后据此磋商如何调整石油政策。

表 3-1 2020 年欧佩克成员国基本情况

国家（组织）	人口（百万人）	人均GDP（美元）	原油出口收入（百万美元）	原油探明储量（百万桶）	原油产量（1000桶/日）	原油出口量（1000桶/日）	四季度产量配额（1000桶/日）
阿尔及利亚	43.90	3254	13169	12200	898.7	438.7	864
安哥拉	31.13	2006	18704	7231	1271.5	1219.7	1249
刚果（布）	5.52	1854	3687	1811	299.9	282.2	266
赤道几内亚	1.41	6774	1765	1100	113.6	114.5	104
加蓬	2.11	7420	2875	2000	207.4	196.1	153
伊朗	84.15	7571	7656	208600	1985.3	404.5	—
伊拉克	40.15	4160	44287	145019	3996.6	3428.4	3804
科威特	4.46	24176	35231	101500	2438.0	1826.3	2297
利比亚	6.64	3281	5711	48363	389.3	347.2	
尼日利亚	213.40	2016	27730	36910	1493.2	1879.3	1495
沙特阿拉伯	35.01	19996	119359	261600	9213.2	6658.6	8993
阿联酋	9.28	38661	32943	107000	2778.6	2418.4	2590
委内瑞拉	32.37	1460	7960	303561	568.6	486.8	—
欧佩克	509.53	5320	321077	1236895	25653.9	19700.7	21815

数据来源:欧佩克 2021 年度统计公报。

欧佩克以沙特阿拉伯为代表的中东产油国为核心,包括其他一些石油输出国家,除安哥拉、刚果（布）、赤道几内亚、加蓬和委内瑞拉外都是伊斯兰国家,其中沙特阿拉伯、伊拉克、科威特、阿联酋、利比亚和阿尔及利亚六国为阿拉伯国家,中东五国石油储量占欧佩克石油总储量的 75.2%。

欧佩克本质上是一个经济组织，以获取最大化的石油收益为目标，其战略行为主要包含生产多少石油和以什么价格出售石油。欧佩克的石油储量占全世界的70%以上且成本低，约占世界石油贸易量的一半，其一举一动都会给世界石油市场带来波动。欧佩克通过增产压价、减产提价等手段获得稳定的石油收益。早年欧佩克制定了官方价格，后来随行就市，一揽子油价追随西得克萨斯中间基（WTI）原油和布伦特（Brent）原油价格。欧佩克依据市场需求、原油价格和非欧佩克产能及潜在产能（特别是当油价提高后开采边际油田增加的产能）制定配额。过高的油价会导致市场份额变小，总收益不一定最大；过高的市场份额则会导致油价过低，总收益也不一定最大，欧佩克希望依靠一个合适的、比较高的油价来实现石油出口收入的最大化。石油的重要战略地位使其成为大国追逐并试图控制的资源，以美国为首的发达国家在中东花费了大量人力、物力、财力，试图利用巴以冲突、民族争端、宗教派别斗争等各种矛盾控制和影响中东，以期获得廉价石油。大国势力的介入使中东局势更为复杂，也使欧佩克的战略行为受到影响。

3.2 欧佩克历史回顾

3.2.1 成立初期（1960—1973年）

自1960年成立至1973年，欧佩克的目标是协调各成员国的石油政策，商定原油产量和价格，采取共同行动反对西方国家对产油国的剥削和掠夺，基本上实现油价的稳定，这段时期欧佩克的市场份额逐渐扩大，发达国家更加依赖欧佩克的原油供应。

3.2.2 斗争提价期（1974—1978 年）

1973 年 10 月，第四次中东战争爆发，以阿拉伯国家为主的欧佩克对支持以色列的国家采取禁运石油、提高价格，以及国有化西方石油公司控制的油田等措施，国际原油价格从 1973 年的 3.3 美元/桶左右上涨至 1974 年的 11.6 美元/桶左右，低油价成为历史，西方国家既无法降低石油消费，也无力在欧佩克以外的地区增加原油供应，原油供应只能依赖欧佩克，西方国家不得不花费更多的资金进口原油。欧佩克从斗争引发的原油涨价中获取到收益。

3.2.3 减产保价期（1979—1985 年）

1979 年伊朗革命以及两伊战争爆发，造成伊朗、伊拉克石油出口量锐减，国际油价涨到 30 美元/桶以上，过高的油价迫使消费国节约石油消费，世界石油需求从 1979 年的 31.1 亿吨下降到 1983 年的 27.6 亿吨，而同期非欧佩克产油国的石油产量从 17.7 亿吨上升到 19.4 亿吨。欧佩克的市场策略为削减产量、维护高油价，其石油产量从 1979 年的 14.7 亿吨逐步下降到 1985 年的 7.7 亿吨，市场份额从 1979 年的 48.3% 下降到 1985 年的 30.0%。在欧佩克的竭力减产之下，国际油价仍然从 1979 年的 38 美元/桶持续下滑到 1985 年的 28 美元/桶，欧佩克的减产保价策略难以为继。

3.2.4 增产扩额期（1986—2003 年）

减产保价策略执行到 1985 年下半年时，欧佩克核心沙特阿拉伯承担的减产份额最多，遭受的损失最大，其石油出口收入甚至低于 1978 年的水平，而国际油价仍在下滑。为扩大市场份额，清除掉高成本竞争者，以沙特阿拉伯为首的欧佩克于 1985 年 12 月开始大幅度增加石油产量，1986 年国际油价暴跌到 14.4 美元/桶，与 1978 年的国际油价基本持平。除 1991 年海湾战争时期伊拉克和科威特石油出口中断，国际油价一度涨到 40 美元/桶外，到 1997 年，油价基本在 14~20 美元/桶之间变动，欧佩克市场份额也从 1985 年的 30.0% 回升到 1989 年的 37.0%，但仍低于 1979 年的 48.3%。1998 年亚洲金融危机时期，国际油价一度跌到 10 美元/桶左右，1999 年欧佩克削减产量，国际油价上涨到 18 美元/桶左右。

为了稳定油价，欧佩克于 2000 年 3 月实行价格带机制，即如果欧佩克一揽子油价连续 20 个交易日高于 28 美元/桶或连续 10 个交易日低于 22 美元/桶，各成员国就将增加或减少 50 万桶的日产量来平衡油价。

3.2.5 高油价时期（2004—2014 年）

2003 年年底，国际油价突破价格带 28 美元/桶的上限，从 2004 年 7 月起欧佩克共实施了 5 次增产，但国际油价并没有下跌，2005 年 1 月欧佩克停止执行价格带机制。到 2008 年 2 月底，国际油价突破 100 美元/桶。2008 年国际金融危机爆发，国际油价一路下滑至 50 美元/桶以下。欧佩克于 2008 年 12 月宣布，在 2905 万桶配额的基础上减产 420 万桶，减幅高达 14.5%。如果没有出现全球金融危机，欧佩克的油价预期可能在 100 美元/桶以上。全球金融危机造成发达国家的石油需求普遍减少，而主要发展中国家如中国、印度和巴西等国的石油需求仍在增加，2008 年世界石油消费仅比 2007 年减少 0.6%，世界石油需求增长潜力巨大。全球金融危机之后国际油价恢复上涨，2011—2014 年国际油价在 90~100 美元/桶之间波动。

3.2.6 "OPEC+"减产联盟期（2015 年至今）

为了有效应对美国页岩油对国际油价的巨大冲击，2015 年，以沙特阿拉伯为首的欧佩克选择增产降价,与页岩油争夺市场份额,并寻求与更多的原油出口国合作。2016年,欧佩克与俄罗斯、哈萨克斯坦等非欧佩克产油国组建了更为广泛的原油减产联盟,其市场占有率、话语权得到进一步增强,即使新冠病毒感染疫情造成全球原油需求萎缩,国际原油价格仍然高于疫情之前。

3.3 影响欧佩克战略行为的因素分析

3.3.1 世界经济发展状况

世界经济发展状况影响着石油需求:当世界经济发展良好时,石油需求增加,有利于欧佩克提价;反之,当世界经济衰退时,石油需求减少,不利于欧佩克提价。2000—2007年世界经济强劲增长,尽管原油价格(布伦特原油年综合价格)从36美元/桶涨到75美元/桶,世界石油需求仍然从2000年的35.5亿吨增长到2007年的39.4亿吨。2008年爆发的全球金融危机造成石油需求下降,油价最低跌至35美元/桶。欧佩克希望分享世界经济发展成果,即希望其石油收入与世界经济总量维持一定比例,世界经济的发展是欧佩克石油收入增加的前提。

3.3.2 替代能源价格水平

石油的替代能源主要用于发电和交通运输两个领域。在发电领域,石油的替代能源主要有核能、煤炭、水力、风能、太阳能等。1973年以前,国际原油价格低于4美元/桶,燃料油的价格甚至低于煤炭的价格(Clo,2004),美国等发达国家大量使用燃料油发电;1974年石油危机后国际油价大涨，使用燃料油发电的成本高于使用核能、煤炭、水力等替代能源发电的成本；1979年以后，燃料油在发电领域逐渐被核能、煤炭、水力等能源替代；20世纪80年代末，石油和天然气在美国电力燃料消费中的比例达到35%，电力部门的石油消费量从1978年高峰时的8700万吨下降到1985年的2400万吨。

在交通运输领域，石油的替代能源主要是电动汽车所需的电力以及氢能源和天然气，而电力来自煤炭、天然气、水力、核能、太阳能、风能等多种能源，电动汽车所需的电力成本已远低于成品油价格，主要受到续航里程、充电便捷程度、充电时间长度等指标的约束。不同能源的成本、使用规模与替代性见表3-2。

表3-2 不同能源的成本、使用规模与替代性

能源种类	成本（美元/桶）	使用规模	是否能直接车用
石油和天然气	3~60	大	是
二次、三次采油和稠油	40~70	大	是
油砂和油页岩	25~110	大	是
液化煤	80~200	中	是
燃料乙醇、生物柴油	70~150	中	是
煤炭	5~60	大	否
水力	10~40	大	否
核能	40~80	大	否
太阳能	>40	大	极少
地热能	>50	中	否
风能	>40	大	否
生物能（沼气）	>120	中	否
海洋能	>180	小	否

数据来源：根据Clo（2004）数据估算。

3.3.3 非欧佩克产油国的石油生产能力

非欧佩克产油国主要有俄罗斯、加拿大、挪威、阿曼、哈萨克斯坦、苏丹、阿塞拜疆和墨西哥，这8个国家共拥有石油探明储量515亿吨，占

世界总量的21.1%，是欧佩克的主要竞争对手。此外，加拿大拥有245亿吨油砂探明储量，当前年产量已突破1亿吨。

1979—1985年，昂贵的国际油价使非欧佩克产油国加大了油田勘探和技术革新力度，一方面石油探明储量大幅度增加，另一方面油田开采成本大幅度下降，逐步缩小了与中东油田的成本差距，非欧佩克产油国生产的石油逐渐占据原本属于欧佩克的市场份额，国际油价逐步下跌，欧佩克的减产保价策略难以为继。目前，非欧佩克产油国的传统主产油田大部分已经处于开采高峰期，或者已经进入开采衰退期，如中国的大庆油田和英国、挪威的北海油田；中国和美国等国家的传统石油生产也进入衰退期。种种现状表明，当前大部分非欧佩克产油国已不再具有20世纪80年代时期的竞争力。2009年以来，美国页岩油产量的快速增加对国际油价造成巨大冲击，目前其产量已超过4亿吨，预计到2030年产量达到峰值，页岩油开采成本为30~50美元/桶。

3.3.4　石油消费国能源政策与油价波动承受能力

石油消费国能源政策影响着石油消费量，如欧盟国家和日本的石油供应基本全靠进口，能源安全保障程度低，进口石油需要花费大量外汇，因此需要在税费方面抑制石油消费，补贴替代能源；近年来，低碳排放目标也是提高成品油价格从而抑制石油消费的重要原因。美国和印度没有采取明显的政策抑制石油消费（图3-1），但对替代能源进行了补贴。中国从2013年起，征收税率介于美国和西欧国家之间的成品油消费税。欧佩克国家收入大部分依赖石油出口（图3-2），分享世界经济发展的成果是欧佩克的长期愿望，在需求增长的前提下，国际油价稳步上涨是其收入增加的保证，但这必须是在石油消费国经济得到发展、能够承受油价上涨的情况下。而各主要石油进口国为降低对进口石油的依赖，纷纷采取了近期与长期结合的应对措施。

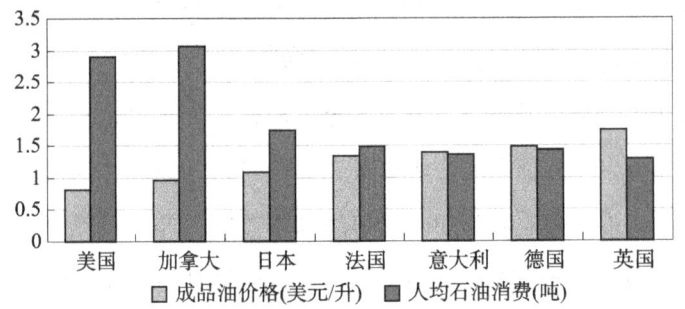

图 3-1 2008 年发达国家成品油价格与人均石油消费

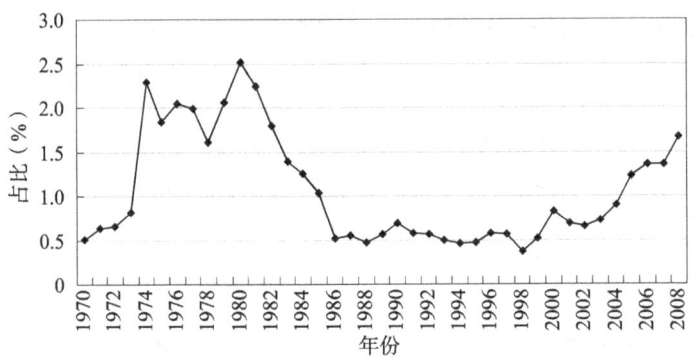

图 3-2 1970—2008 年欧佩克石油出口值占世界 GDP 的比例

3.3.5 欧佩克成员国情况

欧佩克内部相对贫穷的国家和反美国家普遍主张高油价，相对富裕的国家和亲美国家则主张适宜油价。成员国之间的利益矛盾在一定程度上影响了欧佩克战略政策的制定及执行力度。例如，1977 年上半年曾实行双重价格❶；部分欧佩克成员国会"打折"执行减产政策，高油价时虽然公开宣称没有必要增产，实际上却开足马力超产以赚取更多外汇。欧佩克内部主要存在富国和穷国的分歧以及外交政策不同两方面的矛盾。

---

❶ 陈悠久. 论欧佩克 1985 年以来的新石油战略 [J]. 南开经济研究，1990（5）：66-73.

3.3.6 国际政治因素

冷战期间,美国和苏联在中东的角逐给欧佩克的政策带来了较大影响,基于美国是最大的石油进口国,而苏联则是石油出口国,并且其外汇收入大量依赖石油出口,苏联希望欧佩克通过各种手段提高原油价格,美国则希望油价温和、稳定。

2004年2月美国推出大中东计划,试图以伊拉克为样本,推进中东民主进程,引起沙特阿拉伯等欧佩克国家与美国关系疏远,当前美国对沙特阿拉伯的影响力与20世纪90年代时相比已有所减弱。中国和印度的综合国力与国际影响力在不断增强,石油需求的增加也扩大了欧佩克的石油销售市场,伊拉克政权对中东不再构成威胁,欧佩克在安全和石油销售两方面对美国等发达国家的依赖性大为降低,新的国际政治形势有利于欧佩克独立自主地做决策。当前,页岩油和低碳技术是对欧佩克影响最大的两个因素,迫使欧佩克演化成更广泛的减产联盟"欧佩克+"。

3.3.7 美元汇率和通货膨胀

"二战"后美元与黄金挂钩,1947—1971年国际油价维持在2美元/桶左右。1971年8月,美元停止与黄金直接挂钩,一些原材料开始被用来取代这种功能,在国际市场上交易的35种基本商品的价格指数从1967—1969年的100上涨到1973年的160,美元逐步贬值,造成每桶石油收入的购买力下降,通货膨胀是促使欧佩克提高油价的一个原因。

美元指数从2000年的最高122下降到2021年的94左右,由于美国次贷危机蔓延至实体经济、经济衰退及美联储持续降息,美元汇率走低的趋势仍未根本改变。2003年以来全球范围内出现通货膨胀,粮食和铁矿石等大宗商品纷纷大幅度涨价,为了维持每桶石油的购买力,提高油价成为欧佩克成员国的共识。美元汇率持续走低和通货膨胀既是导致欧佩克价格带政策终结的原因，也是导致高油价的重要原因之一。

3.4 欧佩克产量行为的定量分析

3.4.1 产量行为模型验证

目前主要采用卡特尔、竞争、目标收益、财产权和安全最大化五种模型描述欧佩克的生产行为。财产权指欧佩克成立后收回石油主权，这一事件年代久远且已成为不变的事实；目标收益指成员国石油产量与国内投资需要有关，事实上，石油收入可以用于投资海外资产，沙特阿拉伯等海湾石油富国在美国和欧洲有巨额的主权投资基金；安全最大化模型难以建模定量描述，欧佩克基于安全的考虑在第3.3.6节已做分析。本小节主要对卡特尔和竞争两种模型进行分析讨论，并将对比分析欧佩克和非欧佩克产油国的产量行为。分析数据为年度数据，来自《bp 世界能源统计年鉴(2009)》，分析时间段为1971—2008年。

$$Q^O = Q^W(P, A) - Q^{NO}(P, Z) \quad (3-1)$$

式中，Q^O 为世界对欧佩克的石油需求，即欧佩克的石油总产量；$Q^W(P, A)$ 为世界石油总需求，取决于原油价格 P（布伦特石油年均实际价格，2008年美元）和经济总量 A；$Q^{NO}(P, Z)$ 为非欧佩克产油国的石油供应量，取决于原油价格 P 和反映非欧佩克产油国石油资源禀赋及生产策略的变量 Z。

$$Q_i = \alpha_i^* Q^O \quad (i = 1, \cdots, n) \quad (3-2)$$

式中，Q^O 为欧佩克的石油总产量；Q_i 为欧佩克成员国 i 的石油产量；α_i^* 为

欧佩克成员国 i 的石油产量占欧佩克石油总产量的份额。

$$Q_i = \alpha'_i Q_i^{OO} \quad (i = 1, \cdots, n) \tag{3-3}$$

式中，α'_i 为欧佩克成员国 i 的石油产量占不包括成员国 i 的欧佩克石油产量的份额；Q_i^{OO} 为不包括成员国 i 的欧佩克石油产量。

$$Q_i = \alpha_i^o P_t^{\gamma_i} Q_{it}^{OO} \quad (i = 1, \cdots, n; t = 1, \cdots, T) \tag{3-4}$$

市场份额随着原油价格、储量和世界经济状况等因素的变化而变化。公式（3-4）反映了市场份额 α_i 与其他变量的关系。

$$\ln Q_{it} = \alpha_i + \gamma_i \ln P_t + \beta_i \ln Q_{it}^{OO} + \varepsilon_{it} \quad (i = 1, \cdots, n; t = 1, \cdots, T) \tag{3-5}$$

对公式（3-4）两边取对数得到公式（3-5），ε_{it} 为标准误差项；（$\beta_i = 1$，$\gamma_i = 0$）代表欧佩克成员国产量份额不变的分占市场模型；（$\beta_i = 1, \gamma_i \neq 0$）代表欧佩克成员国产量份额受到其他成员国产量变化的影响，但不受油价变化影响的分占市场模型；（$\beta_i > 0$，$\gamma_i \neq 0$）代表不完全的分占市场模型，欧佩克成员国的产量份额受到其他成员国产量变化和油价波动的影响。不完全的分占市场模型意味着松散的卡特尔模型，分占市场的考虑在一定程度上影响着成员国的产量决定，但是产量削减不必按比例分配。

竞争模型将产量视为价格的函数，另外，产量还受使用者成本（U_{it}）和开采成本（M_{it}）的影响。然而长期的使用者成本和开采成本数据不易获取，所以用公式（3-7）近似表示公式（3-6）。$\gamma_i > 0$ 意味着竞争行为，$\gamma_i < 0$ 则表示不支持竞争行为（Griffin，1985）。

$$Q_{it} = S_i(P_t, U_{it}, M_{it}) \quad (i = 1, \cdots, n; t = 1, \cdots, T) \tag{3-6}$$

$$\ln Q_{it} = \alpha_i + \gamma_i \ln P_t + \varepsilon_{it} \quad (i = 1, \cdots, n; t = 1, \cdots, T) \tag{3-7}$$

Griffin（1985）考察了1971—1983年的季度价格数据，该时期包含价格上升期、价格平稳期和价格下降期，其结论支持欧佩克具有不完全的分占市场行为（卡特尔行为）。比较令人意外的是，沙特阿拉伯的供应弹性系数为正，他将此解释为沙特阿拉伯增产的目的是削弱油价的上涨；与此不同的是，印度尼西亚增产的目的是获得更多的收入。

Jones（1990）考察了1983年第三季度至1988年第三季度的价格数

据，该时期除 1987 年价格反弹外，为一个显著的价格下降时期。研究结果显示，大部分成员国的供应弹性系数为负，支持欧佩克的卡特尔模型，20世纪 80 年代国际油价下跌的原因不是欧佩克的崩溃，而是欧佩克有准备的产量调整。Ramcharran（2002）考察了 1973—1997 年的价格数据，包含 20世纪 70 年代的上升期和 80 年代以来的下降期（仅 1987 年和 1990 年油价大幅度反弹，并且在较短时间内恢复至上一年价位），其结果显示大部分成员国的供应弹性系数为负，不支持欧佩克的竞争模型（表 3-3）。

表 3-3 欧佩克国家的竞争模型回归结果

国家	系数	$\ln P$	$\bar{R}^2$	F	Griffin		Jones		Ramcharran	
					$\ln P$	$\bar{R}^2$	$\ln P$	$\bar{R}^2$	$\ln P$	$\bar{R}^2$
沙特阿拉伯	8.542	0.1200 (0.088)	0.023	1.8680	0.15*** (0.04)	0.17	-0.122 (0.14)	0.462	-0.05647	0.180
科威特	7.920	-0.1200 (0.159)	-0.012	0.5670	-0.48*** (0.05)	0.59	-0.213*** (0.215)	0.451	-0.4010*	0.190
卡塔尔	5.949	0.0940 (0.120)	-0.010	0.6160	-0.11** (0.04)	0.14	-0.098 (0.06)	0.076	-0.1500	0.137
阿联酋	7.511	0.0260 (0.088)	-0.025	0.0890	0.09* (0.04)	0.09	-0.229*** (0.05)	0.462	-0.1689*	0.347
伊拉克	6.455	0.2460 (0.183)	0.021	1.7950	0.30*** (0.05)	0.50	-0.21 (0.24)	0.607	0.0187	0.410
利比亚	7.482	-0.0430 (0.075)	-0.018	0.0332	-0.33*** (0.05)	0.45	0.048 (0.03)	0.063	-0.1600*	0.30
阿尔及利亚	6.906	0.0790 (0.067)	0.011	1.4000	-0.07** (0.03)	0.07	0.035*** (0.01)	0.208	-0.0380	0.280
伊朗	8.966	-0.2200** (0.107)	0.080	4.2290	0.30*** (0.05)	0.32	-0.031 (0.14)	0.719	-0.5800***	0.539
尼日利亚	7.559	0 (0.060)	0	0	-0.01 (0.05)	0.02	-0.011 (0.04)	0.048	-0.1490*	0.140
印度尼西亚	7.224	0.0010 (0.051)	-0.028	0	0.19*** (0.03)	0.54	0.046 (0.03)	0.990	-0.5800***	0.050

续表

国家	系数	ln P	$\bar{R}^2$	F	Griffin		Jones		Ramcharran	
					ln P	$\bar{R}^2$	ln P	$\bar{R}^2$	ln P	$\bar{R}^2$
委内瑞拉	8.573	-0.2000* (0.053)	0.260	13.9810	-0.26*** (0.02)	0.73	-0.027 (0.03)	0.990	-0.2300*** 	0.309
欧佩克	10.242	-0.0040 (0.063)	-0.028	0.0050	—	—	—	—	-0.1690*	0.030

注：括号中的数值为标准差；* 表示在 1% 的水平下显著，** 表示在 5% 的水平下显著，*** 表示在 10% 的水平下显著。

印度尼西亚是唯一经历石油储量下降的成员国，其石油储量从 1979 年的 122 亿桶下降到 2007 年的 40 亿桶，到 2020 年仅为 24 亿桶，即使国际油价大幅度上涨，印度尼西亚也难以增产。沙特阿拉伯拥有最大的剩余产能，较贫穷的成员国一般很少有剩余产能，当原油价格上涨时，沙特阿拉伯有能力以较大的幅度增产，其增产量远大于尼日利亚和印度尼西亚这类市场份额较小的成员国。与市场份额小的成员国增产是为了追求更多的石油收入不同，沙特阿拉伯增产会降低油价，增产后的总收益很可能比不增产时要低（图 3-3）。

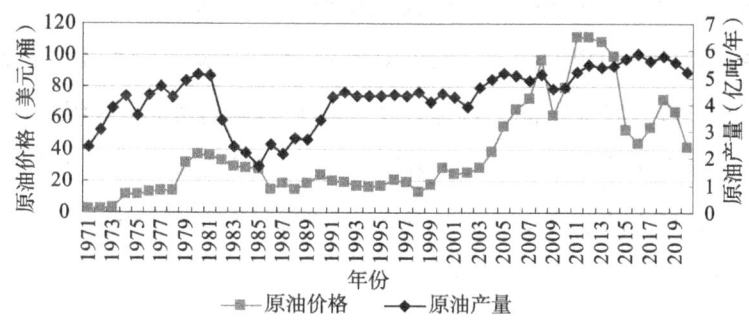

图 3-3　1971—2020 年沙特阿拉伯原油产量与原油价格变化趋势

仅阿联酋的产量份额受原油价格变化和其他成员国的产量变化的影响不大，接近份额不变的分占市场模型（表 3-4）；支持分占市场模型的有沙特阿拉伯和伊朗，但 Griffin 调查的结果显示，沙特阿拉伯不属于分占市场模型，因此他的结论是欧佩克属于不完全的分占市场模型；支持不完全的分占市场模型的有科威特、卡塔尔、伊拉克、利比亚、阿尔及利亚和委内瑞拉。考虑到阿联酋、沙特阿拉伯和伊朗三国的石油产量占欧佩克石油总产量的48.3%以及伊拉克的不稳定，欧佩克在整体上更倾向于分占市场模型。

非欧佩克产油国的回归结果在整体上支持竞争行为（表3-5），美国和加拿大的供应弹性系数为负。美国在1972年石油产量达到峰值；1972—1976年石油产量开始下降；1978—1985年受高油价刺激，石油产量逐年微弱上升；1985年以后国际油价暴跌，石油产量逐步下降。在页岩油开采技术取得突破之前，即使2000年以来国际油价持续上升，美国也无力增产石油，其常规石油勘探开发已进入后期，新增石油储量无法弥补同期开采量（图3-4），美国的储采比长期保持在12左右，表明美国具有竞争行为。2010年以来美国页岩油大幅度增产，也证明了美国石油生产的竞争行为。2020年价格战爆发，国际油价暴跌，部分美国页岩油生产商损失惨重，开始反思增产不增收的困境，面对国际油价的上涨，其对扩充产能持谨慎态度，短期内个体行为越来越像欧佩克成员国。但是，个体上也不会和欧佩克国家步调一致，仅仅是短期内的反思，规模越大的页岩油公司越谨慎，因为规模越大，增产对油价的影响越大；而规模较小的页岩油公司则准备扩大产能，这类公司对整个国际石油市场的影响可以忽略不计。所有页岩油公司总体上和欧佩克或"欧佩克+"仍有很大的不同，并非铁板一块、行动一致。其他研究者也认为，非欧佩克产油国在整体上具有竞争行为。

表3-4 欧佩克国家的卡特尔模型回归结果

国家	系数	$\ln Q^{oo}$	$\ln P$	$\bar{R}^2$	F
沙特阿拉伯	-1.255	0.973* (0.234)	0.166** (0.074)	0.3280	10.0280

续表

国家	系数	$\ln Q^{\infty}$	$\ln P$	$\bar{R}^2$	F
科威特	-4.556	1.247**	-0.151	0.1070	3.2260
		(0.518)	(0.150)		
卡塔尔	-10.208	1.596*	0.071	0.3290	10.0620
		(0.364)	(0.098)		
阿联酋	-2.239	0.968*	0.011	0.1960	5.5010
		(0.293)	(0.078)		
伊拉克	3.271	0.316	0.242	0.0000	0.9940
		(0.655)	(0.186)		
利比亚	1.341	0.612**	-0.055	0.1220	3.5660
		(0.235)	(0.070)		
阿尔及利亚	0.732	0.611**	0.070	0.1580	4.4810
		(0.226)	(0.062)		
伊朗	0.021	0.901**	-0.245**	0.2060	5.7980
		(0.348)	(0.100)		
尼日利亚	-0.636	0.814*	-0.013	0.3400	10.5390
		(0.177)	(0.048)		
印度尼西亚	9.874	0.263	0.005	0.0070	1.1320
		(0.175)	(0.050)		
委内瑞拉	2.458	0.614*	-0.216*	0.4850	18.4410
		(0.150)	(0.045)		

注：括号中的数值为标准差；* 表示在1%的水平下显著，** 表示在5%的水平下显著，*** 表示在10%的水平下显著。

表3-5 非欧佩克产油国生产行为的竞争模型回归结果

国家	系数	$\ln P$	$\bar{R}^2$	F	Ramcharran		Griffin	
					$\ln P$	$\bar{R}^2$	$\ln P$	$\bar{R}^2$
加拿大	7.721	-0.013	-0.027	0.0310	-0.1310***	0.69	-0.06	0.08
		(0.073)					(0.04)	
墨西哥	6.678	0.289	0.036	2.3850	0.5518***	0.89	0.75***	0.75
		(0.187)					(0.13)	
挪威	4.900	0.520	0.006	1.2220	0.5410***	0.92	1.68***	0.72
		(0.471)					(0.31)	

原油价格波动分析

续表

国家	系数	$\ln P$	$\bar{R}^2$	F	Ramcharran		Griffin	
					$\ln P$	$\bar{R}^2$	$\ln P$	$\bar{R}^2$
俄罗斯	8.212	0.278 * (0.043)	0.529	2.6190	-0.0140 ** 	0.42	0.19 *** (0.03)	0.82
英国	2.638	1.116 ** (0.537)	0.091	4.7240	2.3900 *** 	0.74	3.36 *** (0.73)	0.65
埃及	6.087	0.095 (0.155)	-0.017	0.3740	0.4209 *** 	0.84	0.07 * (0.18)	0.28
中国	7.717	0.188 (0.114)	0.044	2.7180	0.1290 *** 	0.91	0.57 *** (0.07)	0.85
美国	9.217	-0.032 ** (0.407)	-0.015	0.4700	0.0490 * 	0.76	-0.05 ** (0.02)	0.50

注：括号中的数值为标准差；* 表示在1%的水平下显著，** 表示在5%的水平下显著，*** 表示在10%的水平下显著。

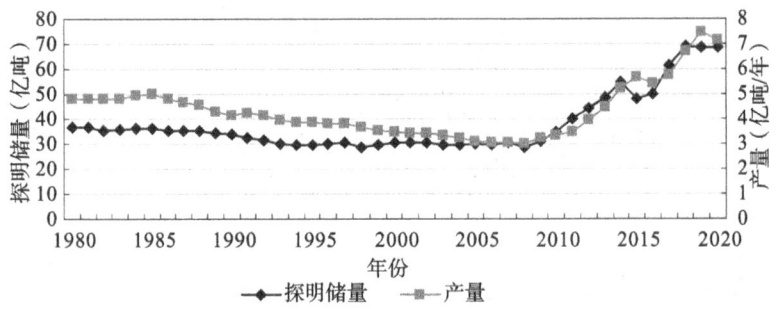

图 3-4 1980—2020 年美国石油探明储量和产量变化趋势

数据来源：《bp 世界能源统计年鉴（2021）》。

表 3-6 非欧佩克产油国生产行为的卡特尔模型回归结果

国家	系数	$\ln Q_i^O$	$\ln P$	$\bar{R}^2$	F	Griffin[a]		
						$\ln Q_i^O$	$\ln P$	$\bar{R}^2$
加拿大	-0.285	0.810 ** (0.3030)	-0.096 (0.0740)	0.123	3.5870	0.32 (0.20)	-0.04 (0.04)	0.20

36

续表

国家	系数	$\ln Q_i^O$	$\ln P$	$\bar{R}^2$	F	Griffin[a] $\ln Q_i^O$	$\ln P$	$\bar{R}^2$
墨西哥	-51.860	5.903* (0.4880)	-0.251** (0.0950)	0.809	79.1870	-1.29 (0.54)	0.67 (0.11)	0.83
挪威	-103.846	11.009* (1.9100)	-0.0699*** (0.4020)	0.475	17.7650	0.75 (1.66)	1.73 (0.34)	0.70
俄罗斯	8.901	-0.070 (0.1350)	0.278* (0.0430)	0.520	21.0090	-0.34 (0.15)	0.19 (0.03)	0.79
英国	-144.860	14.860* (1.7490)	-0.266 (0.3540)	0.695	43.1380	-0.61 (3.68)	3.32 (0.81)	0.61
埃及	-33.377	3.963* (0.3240)	-0.293* (0.075)	0.801	75.6870	-1.16 (0.89)	0.34 (0.18)	0.32
中国	-21.095	2.846* (0.3530)	-0.075 (0.0760)	0.656	36.2810	0.72 (0.31)	0.62 (0.06)	0.89
美国	13.637	-0.473* (0.0790)	0.048 (0.0360)	0.486	18.5110	-0.14 (0.07)	-0.06 (0.01)	0.62

注：括号中的数值为标准差；* 表示在1%的水平下显著，** 表示在5%的水平下显著，*** 表示在10%的水平下显著。

a. Griffin 的文章没有标明显著性。

3.4.2 欧佩克成员国行为研究

2020年欧佩克总储采比为106.8，其中委内瑞拉、利比亚和伊朗的储采比较高，高于欧佩克的总储采比。伊朗仍遭受美国制裁，制裁前的2008年，其储采比（86.9）略高于欧佩克的总储采比（73.8）。2020年在欧佩克国家中，沙特阿拉伯、伊拉克、科威特和阿联酋四国的储采比略低于欧佩克的总储采比；尼日利亚的储采比较低；安哥拉、阿尔及利亚、刚果（布）和加蓬四国的储采比最低，与非欧佩克产油国中的俄罗斯差别不大（表3-7）。欧佩克国家的储采比与储量份额存在负相关关系，储量份额越大，一般储采比越高（图3-5），沙特阿拉伯、伊朗等储量份额大的成员国即使以较小的比例增产，也会对国际油价产生抑制作用。沙特阿拉伯是石油储量最大的国家，其储采比低于欧佩克的总储采比，表明沙特阿拉伯希望国际油价处于较适宜的水平，不追求极端高的国际油价。

表3-7 2020年不同类型产油国的石油储采比

	国家	探明储量占世界比重/（%）	产量占世界比重/（%）	储采比
欧佩克国家	沙特阿拉伯	17.2	12.5	73.6
	伊拉克	8.4	4.9	96.3
	阿联酋	5.6	4.0	73.1
	伊朗	9.1	3.4	139.8
	科威特	5.9	3.1	103.2
	尼日利亚	2.1	2.1	56.1
	安哥拉	0.4	1.5	16.1
	阿尔及利亚	0.7	1.4	25.0
	委内瑞拉	17.5	0.7	153.8
	刚果（布）	0.2	0.4	25.7
	利比亚	2.8	0.2	339.2
	加蓬	0.1	0.2	26.4
	赤道几内亚	0.2	0.1	18.7
	合计	70.2	34.5	106.8
非欧佩克石油出口国家	俄罗斯	6.2	12.6	27.6
	加拿大	9.7	6.1	89.4
	巴西	0.7	3.8	10.8
	墨西哥	0.4	2.3	8.7
	挪威	1.0	2.2	10.8
	哈萨克斯坦	1.7	2.1	45.3
	卡塔尔	1.5	1.8	38.1
	厄瓜多尔	0.1	0.6	7.4
	合计	21.3	31.5	55.6
非欧佩克石油进口国家	美国	4.0	17.1	11.4
	中国	1.5	4.7	18.2
	合计	5.5	21.8	13.5

数据来源：根据《bp世界能源统计年鉴（2021）》计算。

第3章 欧佩克战略行为及其对油价的影响

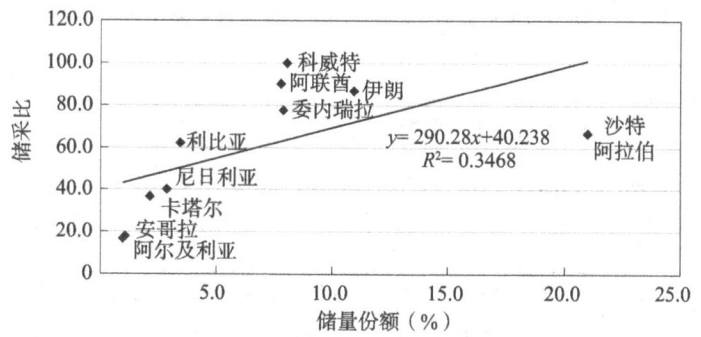

图 3-5 2006 年欧佩克国家储采比与储量份额

数据来源：根据《bp 世界能源统计年鉴（2009）》计算。

欧佩克成员国的储采比与人均 GDP 存在正相关关系（图 3-6），富裕的国家愿意生产较少的石油，贫穷的国家则希望通过生产较多的石油来获得更多的当期收入。当前欧佩克成员国对控制欧佩克整体产量起到主要作用的排序为：沙特阿拉伯、伊朗、伊拉克、科威特、委内瑞拉。

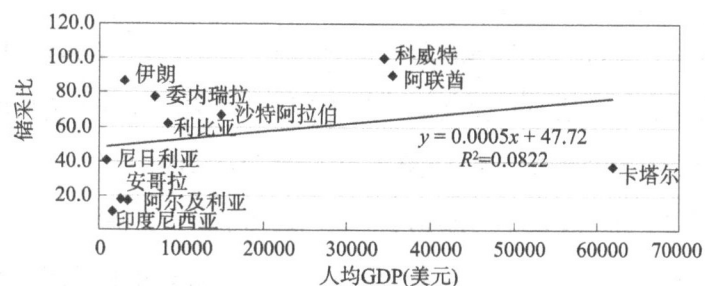

图 3-6 2006 年欧佩克成员国储采比与人均 GDP

数据来源：储采比根据《bp 世界能源统计年鉴（2009）》计算；GDP 数据来自世界银行发布的世界发展指数（2009）。

在 1980—1985 年的减产保价战略中，欧佩克成员国的石油减产量和减产幅度按照 1980 年的规模依次递减（表 3-8），表明减产保价是欧佩克的集体行为，得到了每一个成员国的支持，石油产量大的国家承担更大的减产义务。

39

表3-8 1980—1985年与1999—2008年欧佩克成员国石油产量变化

单位:百万吨

成员国	年产量		1980—1985年		成员国	年产量		1999—2008年	
	1980年	1985年	减产量	减产幅度(%)		1999年	2008年	增产量	增产幅度(%)
沙特阿拉伯	488.0	219.0	269.0	55.12	沙特阿拉伯	423.6	515.3	91.7	21.65
科威特	129.6	60.7	68.9	53.16	科威特	102.6	137.3	34.7	33.82
利比亚	101.1	48.2	52.9	52.32	伊朗	178.1	209.8	31.7	17.80
尼日利亚	113.6	68.6	45.0	39.61	卡塔尔	34.3	60.8	26.5	77.26
委内瑞拉	127.4	97.6	29.8	23.39	阿联酋	117.7	139.8	22.1	18.82
阿联酋	88.7	60.0	28.7	32.36	阿尔及利亚	63.9	85.6	21.7	33.96
阿尔及利亚	57.6	49.5	8.1	14.06	利比亚	67.0	86.2	19.2	28.66
卡塔尔	25.2	17.1	8.1	32.14	尼日利亚	100.8	105.3	4.5	4.46
印度尼西亚	79.5	74.9	4.6	5.79	委内瑞拉	160.9	131.6	-29.3	-18.21

数据来源:《bp世界能源统计年鉴(2009)》。

在1999—2008年国际原油价格持续增加的10年里,委内瑞拉受频繁的罢工和国有化导致的管理及技术水平下降的影响,石油产量反而下降;尼日利亚受油田设施遭受袭击损坏和罢工的影响,2008年的石油产量仅比1999年增加4.46%;其他成员国有一定幅度的增产,沙特阿拉伯、伊朗和阿联酋的增产幅度居中,卡塔尔、科威特和阿尔及利亚的增产幅度较大,但科威特的储采比仍低于沙特阿拉伯。作为欧佩克的三个主要石油生产国,沙特阿拉伯、伊朗和阿联酋的增产力度偏低,在1999—2008年的国际油价上涨过程中起到了重要的作用。

剩余产能的绝大部分来自沙特阿拉伯、科威特、阿联酋和卡塔尔四国,沙特阿拉伯的剩余产能占欧佩克总剩余产能的60%以上,2006年甚至达到90%以上,地位举足轻重;阿尔及利亚、安哥拉、尼日利亚、伊拉克和委内瑞拉五个贫穷的成员国基本按产能生产(表3-9)。2008年全球金融危机爆发,国际油价下跌至40美元/桶以下,在减产提价计划中,减产的主要是沙特阿拉伯等几个富裕的并且石油储量大的成员国。

表 3-9 2003—2009 年欧佩克成员国剩余产能

单位：百万桶/日

国家	2003年	2004年	2005年	2006年	2007年	2008年	2009年
阿尔及利亚	0	0	0	0.01	0.02	0	0.04
安哥拉	0	0	0	0	0	0.01	0.20
厄瓜多尔	0	0	0	0	0	0	0
伊朗	0.19	0	0	0.01	0.04	0	0.11
伊拉克	0.05	0	0	0	0.01	0	0
科威特	0.24	0.02	0	0.06	0.14	0.03	0.30
利比亚	0.01	0	0	0.01	0.01	0.01	0.14
尼日利亚	0.01	0.18	0	0	0	0	0
卡塔尔	0.07	0.05	0	0	0.02	0.11	0.23
沙特阿拉伯	1.23	0.9	0.95	1.35	1.78	1.33	3.04
阿联酋	0.15	0.12	0.07	0.02	0.07	0.02	0.30
委内瑞拉	0	0	0	0	0.03	0	0
总计	1.95	1.27	1.02	1.46	2.12	1.51	4.36

数据来源：美国能源部。

根据 2008 年统计数据，依据储采比、剩余产能和产量变化将欧佩克分为三部分：①核心成员国，包括沙特阿拉伯、科威特、阿联酋、利比亚和卡塔尔；②中间成员国，包括伊朗、伊拉克、委内瑞拉和尼日利亚；③边缘成员国，包括安哥拉、阿尔及利亚和厄瓜多尔。

超产行为广泛存在于欧佩克成员国中，一般情况下，欧佩克实际石油总产量超过总配额 100 万～300 万桶，但实际产量与配额之间存在正相关关系，部分成员国的有限超产对欧佩克整体几乎没有影响，控制产量规模的主要是欧佩克的核心成员国和部分中间成员国，欧佩克通过设置配额基本达到了控制总产量、提高油价的目的。

3.5 欧佩克对国际油价的影响（控制）能力

欧佩克控制国际油价的目的是获取安全与经济收益，其手段有减产提价、小幅度增产提价和增产压价。欧佩克的较大幅度减产一般能提高国际油价，仅在 1981—1985 年出现过欧佩克减产而国际油价下降的例外。增产压价的目的是扩大市场份额，低于 40% 的市场份额不利于保证欧佩克的国际油价控制能力；过高的市场份额则会造成国际油价过低，不利于增加收入。欧佩克增产压价的能力毋庸置疑，本节主要分析欧佩克在维护和提高国际油价方面的控制能力。影响欧佩克长期油价控制能力的因素主要有需求、石油消费国的战略库存规模和非欧佩克产油国面对国际油价上涨的增产能力。替代能源由于成本过高和暂时难以大规模推广，在近期还难以影响欧佩克的国际油价控制能力。

3.5.1 欧佩克石油产量与国际油价的关系

一般而言，当欧佩克减产时，油价会上涨；欧佩克增产国际油价会下跌（图 3-7、图 3-8、表 3-10）。国际油价上涨时，如果需求旺盛，在欧佩克增产的情况下，市场仍然供不应求，考虑到欧佩克的石油储量占世界总储量的 76%，如果欧佩克的增产量占世界增产量的 70% 以上，则认为是需求推动油价上涨；如果欧佩克的增产量不足世界增产量的 70%，则认为欧佩克增产是油价上涨的部分原因；如果欧佩克减产，而油价上涨，则认为欧佩克减产是油价上涨的主要原因。

图 3-7 1965—2020 年欧佩克石油产量与国际油价变化趋势

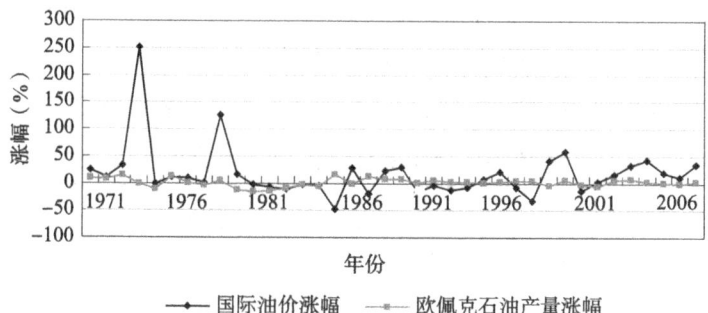

图 3-8 1971—2008 年欧佩克石油产量与国际油价变化趋势

表 3-10 1971—2008 年国际油价涨跌与欧佩克石油产量变化关系

价格变化	欧佩克增产年数	欧佩克增产量超过世界增产量的70%的年数	欧佩克减产年数
上涨	16	8（被动涨价）	7（主动涨价）
下跌	8	5（主动降价）	7（被动降价）

如果欧佩克的增产量占世界增产量的70%以上，而油价下跌，则认为欧佩克增产是油价下跌的主要原因；如果欧佩克与非欧佩克产油国同时增产，但欧佩克的增产量不足世界增产量的70%，则认为欧佩克增产是油价下跌的部分原因；但如果由于油价过高而导致需求下降，或者非欧佩克产油国增产，或者存在其他原因，即使欧佩克减产，油价也下跌，则认为欧佩克减产与油价下跌没有关系。

在1971—2008年的38年中，国际油价上涨22次，下跌16次。油价上涨的22年中有14年欧佩克增产，其中有8年欧佩克的增产量占世界石油增产量的70%以上，表明这8年非欧佩克产油国无力通过增产来抑制油价上涨，欧佩克产量方面不是油价上涨的主要原因；另外6年欧佩克增产不力，其生产行为支撑了油价上涨。油价上涨的22年中有8年欧佩克减产，表明这8年非欧佩克产油国无力通过增产来抑制油价上涨，欧佩克产量方面是油价上涨的主要原因。油价下跌的16年中有8年欧佩克增产，其中有5年欧佩克的增产量占世界石油增产量的70%以上，欧佩克产量方面是油价下跌的主要原因；另外3年欧佩克产量方面是油价下跌的部分原因。油价下跌的16年中有8年欧佩克减产，表明这8年非欧佩克产油国有能力通过增产来压低油价，欧佩克的小幅减产无力维持油价（表3-11）。

表3-11 欧佩克各阶段石油产量变化

年份	年数	欧佩克			
		油价上涨的年份		油价下跌的年份	
		增产的年数	减产的年数	增产的年数	减产的年数
1971—1979年	9	5	3	0	1
1980—1985年	6	0	0	0	6
1986—1999年	14	4	2	8	0
2000—2003年	4	1	2	0	1
2004—2008年	5	4	1	0	0
合计	38	14	8	8	8

年份	年数	非欧佩克产油国			
		油价上涨的年份		油价下跌的年份	
		增产的年数	减产的年数	增产的年数	减产的年数
1971—1979年	9	7	1	1	0
1980—1985年	6	0	0	6	0
1986—1999年	14	5	0	7	2
2000—2003年	4	2	1	0	1
2004—2008年	5	0	5	0	0
合计	38	14	7	14	3

续表

年份	年数	苏联			
		油价上涨的年份		油价下跌的年份	
		增产的年数	减产的年数	增产的年数	减产的年数
1971—1979年	9	9	0	0	0
1980—1985年	6	0	0	4	2
1986—1999年	14	2	4	3	5
2000—2003年	4	4	0	0	0
2004—2008年	5	5	0	0	0
合计	38	20	4	7	7

数据来源：根据《bp 世界能源统计年鉴（2009）》计算。

在1971—2008年的38年中，有7年是欧佩克被动降价（欧佩克减产，油价下跌），其中包括1981—1985年连续5年，这5年里欧佩克的市场份额从37%下降到了30%（图3-9），石油出口收入从2522亿美元跌到1479亿美元（图3-10），说明这一时期是欧佩克市场控制能力最弱的时期；有8年是欧佩克被动涨价（欧佩克增产量占世界石油增产量的70%以上，油价上涨），包括2003—2006年连续4年，这4年里欧佩克的市场份额从42%增加到44%，石油出口收入从2674亿美元增加到6625亿美元，说明2003—2008年欧佩克的市场控制能力非常强；其余年份欧佩克的生产控制能力一般。

图3-9 1965—2020年欧佩克市场份额与油价变化趋势

数据来源：根据《bp 世界能源统计年鉴（2021）》计算。

图 3-10 1971—2008 年欧佩克石油出口收入与油价变化趋势

3.5.2 欧佩克的短期油价控制能力

欧佩克在短期内有能力稳定、打压或抬升国际油价。根据《bp 世界能源统计年鉴（2021）》，1986 年欧佩克增产 270 万桶/日，国际油价从 27.6 美元/桶暴跌至 14.4 美元/桶。1990—1991 年海湾危机时期国际油价突破 20 美元/桶，欧佩克逐年增加石油产量，1994 年的产量比 1988 年增加 470 万桶/日，1994 年国际油价跌至 15.8 美元/桶，比海湾危机前 1989 年的油价还低 2.7 美元/桶。1998 年亚洲金融危机使国际油价从 1997 年的 19.1 美元/桶跌到 12.7 美元/桶，1999 年欧佩克比 1998 年减产 120 万桶/日，国际油价回升到 18.0 美元/桶。2000 年国际油价上涨到 28.5 美元/桶，2000—2004 年国际油价稳定在 22～28 美元/桶。2005 年油价突破价格带 28 美元/桶上限，欧佩克放弃价格带政策，国际油价逐步上涨，自 2008 年 6 月国际油价创下 147 美元/桶，新高后，由于 2008 年全球金融危机，国际油价迅速下跌。2008 年 12 月国际油价跌至 50 美元/桶以下，欧佩克宣布减产 420 万桶/日；到 2009 年 7 月，国际油价回调至 70 美元/桶。2011—2012 年国际油价进一步回升到 110 美元/桶左右。

3.5.3 欧佩克的长期油价控制能力

1973—1974年第一次石油危机爆发期间，美国等石油进口国还没有建立石油战略库存；1979—1980年第二次石油危机爆发期间，发达国家的石油战略库存还不到本国20天的石油进口量。两次石油危机期间，石油消费国均无力应对突发的石油供应缺口，对国际油价上涨缺乏调控能力。1990年海湾战争期间，经合组织国家的石油战略库存已超过本国90天的进口量，释放石油战略储备改善供需状况对抑制国际油价上涨起到了一定的作用。当前石油市场已不像两次石油危机期间那样脆弱，石油消费国有足够规模的战略库存应付突发的石油供应中断，并且石油战略库存的规模仍在不断增加。

第一次石油危机时期国际油价增长了近3倍，但世界经济的快速发展提高了石油消费国的需求，1976年距第一次石油危机结束仅2年，石油消费量就超过危机前1973年的消费量，欧佩克有能力继续提高油价，油价在危机结束后的几年内继续小幅度上涨。20世纪80年代的高油价使1983年比1979年的石油需求量减少了640万桶/日，加之非欧佩克产油国的产量从1979年的2260万桶/日大幅度增加到1985年的2820万桶/日，欧佩克虽然不断减产，但还是无力维持30美元/桶以上的油价，1980—1985年油价不断下跌。

2007年的国际油价比2002年上涨了近2倍，欧佩克增产了640万桶/日，非欧佩克产油国仅增产了100万桶/日，当前和未来非欧佩克产油国基本上没有能力再与欧佩克竞争。尽管石油消费国具备应付突发供应中断的能力，但由于世界经济总量的不断增加和非欧佩克产油国无力增产，使欧佩克的长期油价控制能力进一步增强。欧佩克各阶段的目标、手段与成效见表3-12。

表3-12 欧佩克各阶段的目标、手段与成效

阶段	年份	目标	手段	油价趋势	是否达到目标
成立初期	1960—1973年	阻止油价下跌	团结起来稳住油价	稳定后得到一定幅度的提升	是
斗争提价期	1974—1978年	提高油价	禁运、减产、国有化、提高分成、增税	跳跃上涨后继续小幅上涨	是
减产保价期	1979—1985年	维持高油价	持续减产	跳跃上涨后逐渐小幅下跌	否
增产扩额期	1986—2003年	扩大市场份额	持续增产	暴跌后长期在较低价位波动	是
高油价时期	2004—2014年	提高油价，扩大收入	有限增产或减产	持续以较大幅度上涨	是
"OPEC+"减产联盟期	2015至今	稳住市场份额并提升油价	广泛减产	油价总体止跌回升并重返高位	是

3.5.4 未来欧佩克的市场供应地位

根据欧佩克的预测，假定全球经济年平均增长率为3.5%（以购买力评价为基础），预测期间国际油价在名义上维持50~60美元（2006年美元）/桶，替代能源未取得重大技术突破，那么石油需求量将由2005年的41.5亿吨上升到2030年的59亿吨。其中，经合组织成员国的石油需求量将增长2亿吨，至2030年达到26.5亿吨；能源需求的上升大部分来源于发展中国家，它们对能源的需求增长了一倍，由14.5亿吨增至29亿吨，亚洲发展中国家需求预期增长10亿吨，占全球发展中国家需求增长总量的2/3以上。尽管需求增长迅速，到2030年，发展中国家的人均能源消费水平仍不足经合组织成员国的1/5。欧佩克、国际能源署、美国能源部这三个机构对于全球石油需求的预测基本一致。其中，欧佩克的预测值最低，

但国际能源署和美国能源部的数据在最近几年的大幅调低使三者的数据在一定程度上趋同,到 2030 年预测值均落在 58 亿~59 亿吨的范围内。

非欧佩克产油国的常规石油供应量在 2010 年前后达到 24 亿吨,维持到 2020 年后开始逐步下降,这个稳定期将由巴西、俄罗斯、里海地区的供应量增长维持,这些国家的石油供应量增长缓解了其他供应源特别是北海地区的石油供应量下降。中东和非洲的石油供应总量经历了微弱上升,到 2010 年达到一个接近 2.5 亿吨的稳定期。2030 年非欧佩克产油国的传统石油供应量预期将超过 22.5 亿吨。

最显著的非欧佩克产油国的非常规石油供应量的增长来自美国的页岩油和加拿大的油砂,预计从 2005 年的 0.5 亿吨上升至 2030 年的 7.5 亿吨。煤液化燃料和气液化燃料的供应量预计也会增长,分别从 2005 年的 750 万吨和小于 250 万吨增至 2030 年的 7500 万吨和 2500 万吨。这些增长将主要来自美国、中国、欧盟、南非和澳大利亚。在全球许多区域,对生物燃料的利用率也会增长。来自非欧佩克产油国的非常规石油供应包括生物燃料供应在 2030 年将超过 5 亿吨。

2010 年后,非欧佩克产油国的常规石油供应包括天然气供应经历了一个稳定期,然后开始下降,但油砂和页岩油等非常规石油供应增长势头强劲,因此,来自非欧佩克产油国的供应总量将持续小幅上升。

目前,全球原油消费中汽油、柴油占比超过一半。在低碳时代,世界原油需求主要取决于燃油汽车保有总量,而燃油汽车保有总量取决于汽车总销量和新能源汽车占比情况。发达国家的汽车总销量变化不大,发展中国家的人均汽车保有量较低,2020 年中国人均 GDP 接近 1.1 万美元,汽车销量约为 2531.1 万辆,汽车保有量达到 2.81 亿辆,人均约 0.199 辆;2020 年美国人均 GDP 约 6.3 万美元,汽车销量约为 1457.5 万辆,汽车保有量约为 2.87 亿辆,人均约 0.813 辆;2020 年日本人均 GDP 约 3.9 万美元,汽车保有量约为 0.78 亿辆,人均约 0.622 辆;2020 年印度人均 GDP 约 0.19 万美元,汽车销量约为 243 万辆,汽车保有量约为 0.36 亿辆,人均约0.270辆。❶ 随着经济的不断发展，中国、印度等发展中国家的汽车总销量仍将保持较快增长，联合国《2019年世界人口展望》预计2024年印度人口将超过中国，印度可能是汽车保有量增长潜力最大的国家。

  在低碳时代，电动汽车的电池技术突飞猛进，标况里程、充电时间等参数日益令消费者感到满意，交通运输领域中的低碳交通工具将逐步替代燃油交通工具成为主流，包括电动汽车、天然气货车、天然气船舶、氢能源汽车等新能源交通工具，电动汽车将逐步取代汽油汽车，天然气货车将取代柴油货车，氢能源汽车也将占有一席之地。新能源交通工具在新增交通工具中的占比日益提高，但在2035年新能源汽车总销量上升到汽车销量一半左右之前，燃油汽车保有量仍会保持增长，预计原油需求量将在2035年前后达到峰值。2035年之前，国际原油市场仍然依赖"欧佩克+"提供原油，"欧佩克+"的油价控制能力不会减弱，但其市场份额增长速度将持续放缓。2035年以后，随着原油需求的缓慢下降，如果届时美国页岩油可采资源量仍有保障，国际原油市场对"欧佩克+"提供原油的依赖程度将逐渐降低，"欧佩克+"的国际原油市场控制能力将逐渐减弱；如果届时美国页岩油可采资源量有较大幅度的下降，国际原油市场短期内仍然较大程度地依赖"欧佩克+"提供原油，短期内"欧佩克+"仍将保持一定的国际原油市场控制能力。在新能源汽车占汽车保有总量的比重继续提高的过程中，国际原油市场对"欧佩克+"的原油依赖程度将逐渐降低，"欧佩克+"的国际原油市场控制能力将不断减弱；当新能源汽车占到汽车保有总量的75%甚至更高时，国际原油市场对"欧佩克+"的原油依赖程度将大幅度降低，原油将主要用作化工原料，燃油汽车在交通领域将成为非主流。

---

❶ 2021保有量将跃居世界第一 这给中国汽车行业带来了哪些机遇和挑战 [EB/OL]. [2021-01-09]. https://auto.ifeng.com/qichezixun/20210109/1522282.shtml.

第4章 原油价格变化特征研究

4.1 原油价格构成与分类

4.1.1 原油价格构成

石油市场是由欧佩克这一松散的卡特尔主导的竞争市场，竞争主要在卡特尔和卡特尔外部的寡头（非欧佩克主要石油出口国）之间展开，卡特尔面临的竞争强度取决于对手的增产能力，非欧佩克主要石油出口国的增产能力由勘探进展、开采技术进步和油价等因素决定。卡特尔内部也有竞争，但卡特尔成员由于在目标上的一致性能协调竞争，分配各成员的生产配额，最终用一个声音说话。国际原油价格是包含垄断的竞争平衡价格，当卡特尔的市场份额较大，并且卡特尔外部的寡头无力增产时，国际油价就很可能接近出消费者的支付能力决定的价格，这时的油价远高于卡特尔的边际生产成本，也高出卡特尔外部寡头的边际生产成本一倍以上。当卡特尔的市场份额较小时，国际油价就很可能接近卡特尔外部寡头的边际生产成本。对卡特尔而言，维持必要的市场份额是保持收益可持续增长的保证。

4.1.2 国际原油交易价格

以欧佩克所有成员国的代表性原油的平均价格作为欧佩克官方油价,各成员国的原油价格参考欧佩克官方油价按原油的质量和运输距离进行调整。

全球共有纽约、伦敦、鹿特丹和新加坡四大现货交易市场。石油现货交易市场是反映原油的生产和炼制成本、利润的边际市场,现货市场价格是石油公司、石油消费国政府制定石油政策的重要依据。为了采用更为灵活的定价机制,一些长期贸易合同开始与现货市场价格挂钩。

石油期货价格是买卖双方通过在石油期货市场上的公开竞价,对未来时间的"石油标准合约"在价格、数量和交货地点上预先达成共识而成交的价格。从近几年的原油价格波动情况来看,期货市场已经在某种程度上取代了现货市场的价格发现功能,期货价格已经成为原油价格变化的预先指标。

4.2 原油价格影响因素分析

石油输出国依赖出口石油生存,石油消费国依赖石油发展经济,所以石油对供给和需求两方都具有重大的战略意义。国际原油价格的变化不同于一般商品,其影响因素众多,规律不易掌握。国际原油价格是由世界经济发展状况、欧佩克的战略政策、非欧佩克产油国的生产能力、替代能源、国际政治和投机资金等因素决定的供给和需求两方面形势的综合反映。

4.2.1 供给对国际油价的影响

对国际油价有影响的石油供给分为欧佩克的石油出口量、非欧佩克产油国的石油出口量和消费国的自由产量三个部分,其中最主要的是欧佩克和非欧佩克产油国的石油出口量。欧佩克的石油出口量不受资源量的约束,主要是基于收益最大化和可持续发展的考虑。非欧佩克产油国的石油出口量取决于可供开采的石油资源量。

供过于求会导致国际油价下跌。1979年欧佩克大幅提高油价,世界石油消费总量下滑,非欧佩克产油国石油产量猛增,市场逐渐呈现供大于求的形势,国际现货油价低于欧佩克的官方油价,欧佩克陷入市场份额下降和油价下跌的双重被动境地。1985年,国际油价跌至27.6美元/桶,并继续呈现下滑趋势。1998年亚洲金融危机使石油需求下降,欧佩克仍增产10%,以国际致油价跌到1985年以来的新低。自2012年以来,美国页岩油产量的迅速增加导致国际原油市场相对供应过剩,原油价格在2013—2016年处于下行趋势,一直到2016年俄罗斯等欧佩克以外的主要原油出口国加入更广泛的减产联盟,一致行动减产,扭转了供应过剩的局面,国际油价才停止下跌趋势。

供不应求将推动国际油价上涨。1973年石油禁运造成石油市场每天几百万吨的缺口,1979年伊朗革命和1980年两伊战争也导致石油市场每天几百万吨的缺口,这两次石油供给短缺都造成了国际油价暴涨。2000年以来国际油价的持续上涨也有供应不足的预期,即非欧佩克产油国无力增产和欧佩克剩余产能所剩无几(图4-1)。

另外,美国、欧盟等石油战略储备较多的国家和地区释放储备可以在短期内改变石油供给不足的局面,抑制原油价格的上涨。1990年海湾战争时期美国曾释放大量石油储备,使国际油价很快恢复到原来的价格水平。

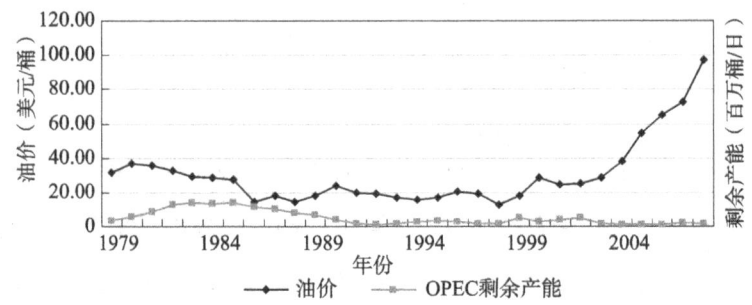

图 4-1　1979—2008 年欧佩克剩余产能与国际油价变化

数据来源：1979—1998 年剩余产能数据来自 Clo（2004），1999—2008 年剩余产能数据来自美国能源部；油价数据来自《bp 世界能源统计年鉴（2009）》。

4.2.2　需求对国际油价的影响

1974 年以前国际油价较低，世界石油消费从 1965 年的 15.3 亿吨增长到 1973 年的 27.5 亿吨；第一次石油危机使国际油价从 1973 年的 3.29 美元/桶涨到 1974 年的 11.58 美元/桶，石油消费在 1974 年和 1975 年出现负增长，但世界经济的持续增长以及节能技术的应用消化了国际油价的上涨。自 1976 年起，世界石油消费继续增长，到 1979 年达到 31.1 亿吨。欧佩克利用 1979 年伊朗革命和 1980 年两伊战争的爆发之机大幅度提高油价，使油价从 1978 年的 14 美元/桶涨到 1979 年的 30 美元/桶以上。暴涨的油价超过了世界经济的承受能力，严重抑制了石油需求（图 4-2），世界石油需求逐步下降到 1983 年的 27.6 亿吨，1986 年油价跌至 14.4 美元/桶。1986 年后长期的低油价刺激了经合组织国家及发展中国家的石油需求，加之经济的发展，石油需求逐渐增加，2008 年全球共消费石油 39 亿吨，国际油价逐渐回升并创历史新高。

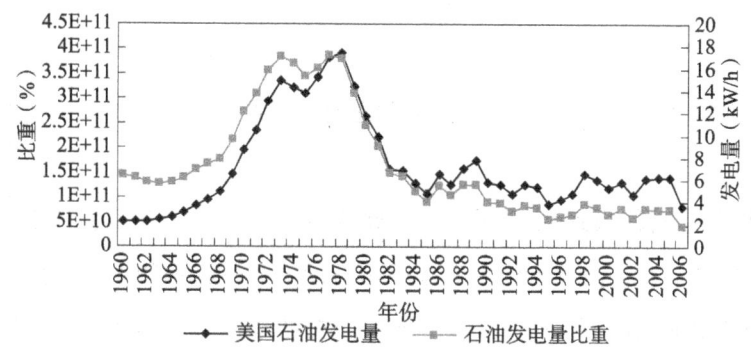

图 4-2　1960—2006 年美国石油发电量及其占总发电量的比重

数据来源：世界银行于 2009 年发布的《世界发展指标》。

需求增加是原油价格上涨的重要推动因素。处于城市化和工业化进程中的国家的石油需求增长较快（如 20 世纪 60 年代的日本、21 世纪的中国和印度），而发达国家的石油需求增长缓慢甚至呈现负增长（如近年的日本和西欧发达国家）。1986—1998 年油价长期低迷的重要原因之一便是欧美、日本已完成工业化和城市化，而以中国、印度为主的发展中国家尚未进入快速城市化阶段，世界石油需求增长缓慢。1999 年以来，发展中国家的石油需求猛增是油价持续上涨的重要支撑因素。

较高的成品油价格能抑制部分石油需求。以 2007 年为例，日本消费石油 2.29 亿吨，人均不到 2 吨；英国、法国、德国合计消费石油 2.8 亿吨，人均也不到 2 吨；而美国的燃油税较低，其成品油价格比西欧低 30% 以上（图 4-3），消费石油 9.43 亿吨，人均 3.14 吨，在经合组织国家中最高。

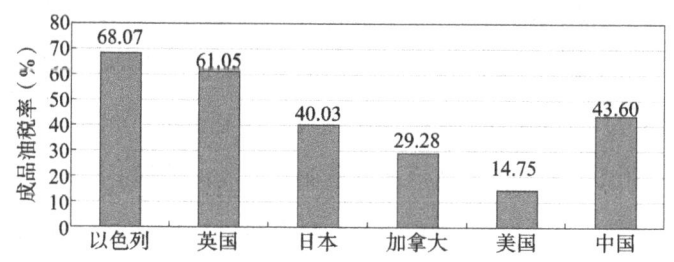

图 4-3　2015 年部分国家成品油税率比较

数据来源：欧佩克 2020 年年度统计公告。

4.2.3 非欧佩克石油输出国家对油价的制约

欧佩克的石油储量占世界石油总储量的70%以上，出口量约占世界石油贸易量的一半，欧佩克根据配额提供石油，余下的份额由俄罗斯、加拿大、挪威等非欧佩克产油国提供。欧佩克和非欧佩克产油国的储采比分别是106.8和24.6。自1986年以来，欧佩克的石油产量占世界石油总产量的比例一直比其石油储量占世界石油总储量的比例低30%~40%，2020年欧佩克石油储量占世界石油总储量的70.2%，而其石油产量仅占世界石油总产量的35.4%。

非欧佩克石油出口国主要为俄罗斯、加拿大、挪威、卡塔尔、墨西哥、阿曼、南苏丹和哈萨克斯坦，这8个国家在2020年年底的石油探明储量共计515亿吨，占世界石油总量的21.1%，其石油净出口量占非欧佩克产油国总出口量的90%以上。

欧佩克制定的油价影响着非欧佩克产油国的石油产量，因为非欧佩克产油国的石油生产成本高于欧佩克，油价越高，非欧佩克产油国的石油产能越大。当然，非欧佩克产油国必须以边际石油储量作为提高石油产量的前提。从理论上讲，原油价格介于非欧佩克产油国石油生产成本和替代能源价格之间，至于更靠近非欧佩克产油国石油生产成本还是替代能源价格，则取决于非欧佩克国家的生产能力。1979—1985年的高油价导致非欧佩克产油国增加石油产量，抢占欧佩克市场份额，但1986—1998年油价接近非欧佩克产油国的石油生产成本；在近年来较高的油价下，美国以外的非欧佩克产油国无力增产，油价远高于非欧佩克产油国的石油生产成本。

1979—1985年的高油价使非欧佩克产油国加大了油田勘探和技术革新力度，一方面探明储量大幅度增加，另一方面油田开采成本大幅度下降，逐步缩小了与中东油田的成本差距，大量非欧佩克产油国生产的原油占据了原本属于欧佩克的市场份额,使欧佩克的市场份额从 79.2% 下降到 51.2%,同期油价也在逐步下跌,形势朝着不利于欧佩克的方向发展,欧佩克难以维持高油价政策。目前,非欧佩克主产油田大部分或已处于开采高峰期,或已经进入开采衰退期,如中国的大庆油田和英国、挪威等国的北海油田。英国在 2005 年第一次从石油输出国变为石油输入国;2007 年俄罗斯石油出口量超过沙特阿拉伯位居世界第一位,但俄罗斯的石油产能基本上已达到极限;中国作为目前世界上最大的石油进口国,在 1993 年以前曾是石油出口国。以上种种现状表明,当前非欧佩克石油输出国在常规石油领域已不再具有 20 世纪 80 年代的竞争力(图 4-4),这是 21 世纪原油价格呈现上涨趋势的重要原因。

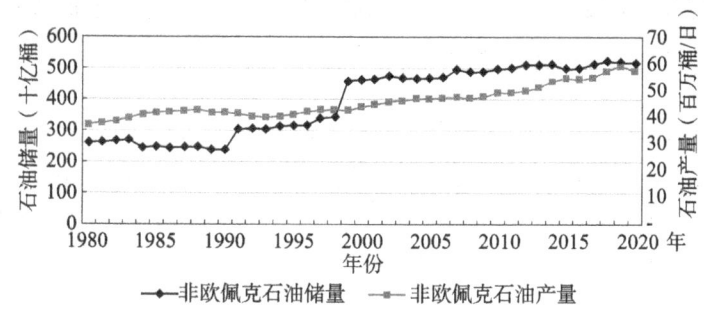

图 4-4　1980—2020 年非欧佩克产油国石油储量和产量

数据来源:《bp 世界能源统计年鉴(2021)》。

4.2.4　替代能源对油价的影响

替代能源主要有醇类燃料、液化煤、天然气、氢气、核能、太阳能等。替代能源的价格水平在一定程度上延缓了原油价格的上涨,一旦油价上涨至超过替代能源的价格,替代能源将占据一部分石油市场份额,这将减少对欧佩克的石油需求。目前,替代能源成本远高于石油开采成本,投资耗费巨大,在近期不具备同石油竞争的能力。

4.2.5 欧佩克战略政策对油价的影响

欧佩克的石油储量占世界石油总储量的70%以上，其石油出口量约占世界石油贸易量的一半，因此，其一举一动都会给世界石油市场带来震动。欧佩克通过增产压价、减产提价等手段来获得稳定的最佳收益。早年欧佩克制定官方油价，后来随行就市，一揽子油价追随WTI和Brent原油价格。欧佩克依据市场需求、国际原油价格和非欧佩克产油国的石油产能及潜在产能（特别是在油价提高后开采边际油田增加的产能）制定配额。油价越高，市场份额越小，总收益不一定最大；市场份额大，油价过低，总收益也不一定最大（表4-5）。因此，欧佩克希望以一个比较高的适宜油价来实现石油出口收入的最大化。

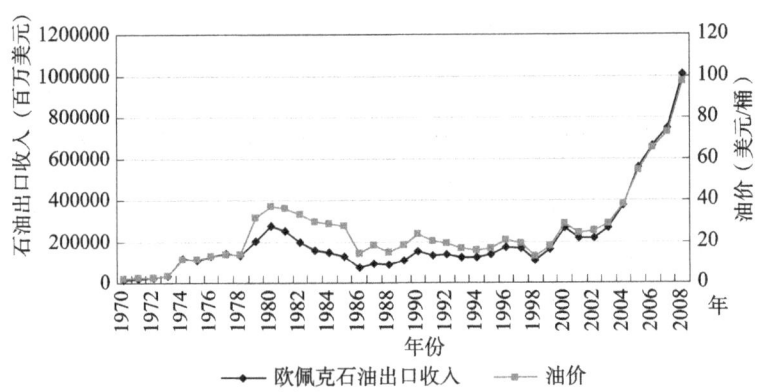

图4-5　1970—2008年油价与欧佩克石油出口收入

数据来源：石油出口收入数据来自历年欧佩克年度统计公报；油价数据来自《bp世界能源统计年鉴（2009）》。

4.2.6 其他因素对油价的影响

影响油价的因素还有石油消费国的石油库存、气候、美元购买力、投机资金炒作、石油出口国政治（突发事件）和美国国内政治等，这些因素只能影响短期油价。石油出口国突发事件造成的石油供应缺口可能会暂时抬高油价，但是发生动乱的石油出口国更希望尽快恢复出口石油，因为其开支依赖石油出口，比石油进口国更依赖石油贸易，而供应缺口造成的过高油价只能在短期内影响石油消费国的经济发展速度。

石油库存能调节市场供需状况，有利于稳定油价。石油库存总水平与石油进口量有关，例如，战略石油库存强调储备相当于一定天数的石油进口量。石油库存也反映了政府对油价趋势的看法，一般增加石油库存表示政府看涨油价，即使油价上涨也会增加石油库存；减少石油库存则表示政府看低油价，即使油价下跌也会减少石油库存（图4-6~图4-8）。

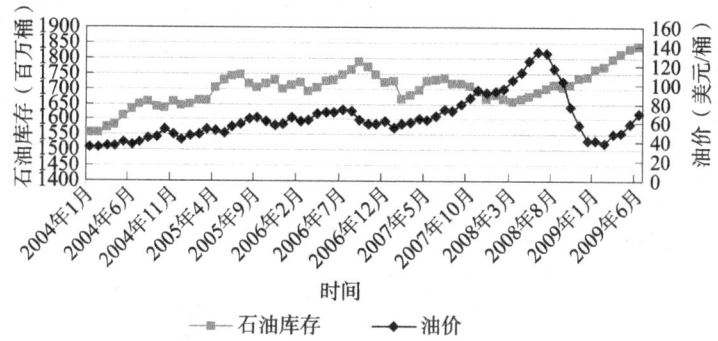

图4-6　2004年1月—2009年6月美国石油库存与油价变化趋势
数据来源：库存数据来自美国能源部；油价数据来自《bp世界能源统计年鉴（2009）》。

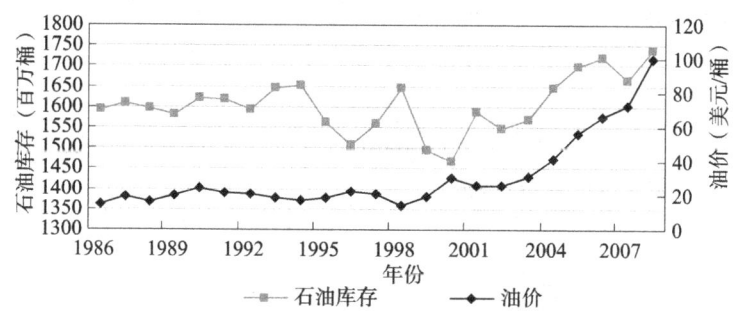

图4-7　1986—2008年美国石油库存与油价变化趋势
数据来源：库存数据来自美国能源部；油价数据来自《bp世界能源统计年鉴（2009）》。

原油价格波动分析

图4-8　1979—2008年美元指数与油价

（1973年3月美元指数为100）

数据来源：美元指数数据来自美联储；油价数据来自《bp世界能源统计年鉴（2009）》。

4.3　油价形态特征

油价形态主要有台阶式（1966—1978年）、波动式（1986—1999年）、上坡式（1999—2008年）、下坡式（1978—1985年）、脉冲式（1990—1991年）和跳水式（1986年、1998年和2008年）六种。

1973年以前油价几乎没有变动，1973—1974年第一次石油危机爆发，油价从3.3美元/桶暴涨至11.6美元/桶，并在随后的几年继续小幅度上升，于1974年迈上新台阶（图4-9）。

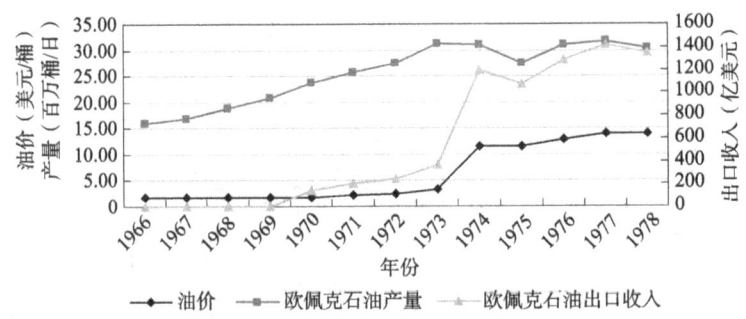

图4-9　1966—1978年油价台阶式变化

数据来源：出口收入数据来自历年欧佩克年度统计公报；油价和产量数据来自《bp世界能源统计年鉴（2009）》。图4-10～图4-12的数据来源同此。

1986—1999年油价主要在15～20美元/桶范围内波动，令人意外的是，1990年海湾战争时期油价上升到23.7美元/桶和1998年亚洲金融危机时期油价跌至12.7美元/桶，但都在不到一年的时间里又恢复到15～20美元/桶（图4-10）。

坡式变化表示油价在一定时期内持续上涨或下跌，但各年涨幅或跌幅均不大，没有暴涨暴跌现象。1978—1985年（图4-11）和1999—2008年（图4-12）的油价形态分别属于下坡式和上坡式。

1990年8月伊拉克入侵科威特，1990年10月油价暴涨至40美元/桶，在1991年2月海湾危机结束时，油价已恢复到危机前的水平，油价变化形态类似于一个脉冲。

此外，金融危机和欧佩克大幅度增产一般会造成油价在短期内出现大幅度下跌（图略）。

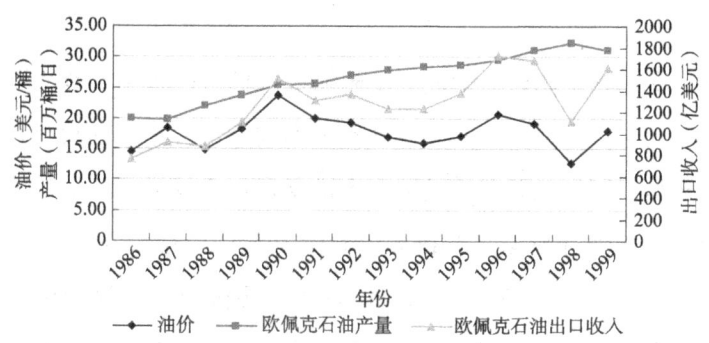

图4-10　1986—1999年油价波动式变化

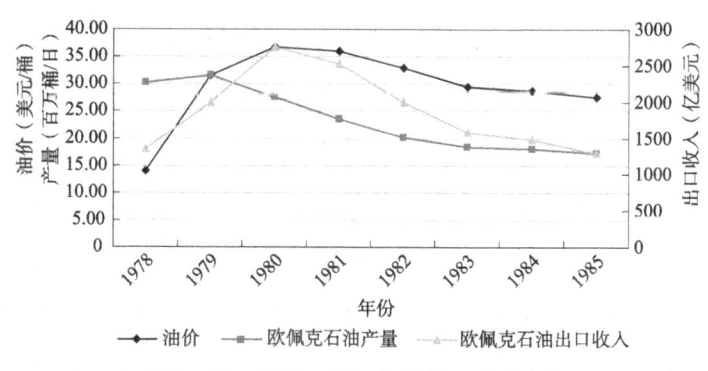

图4-11　1978—1985年油价下坡式变化

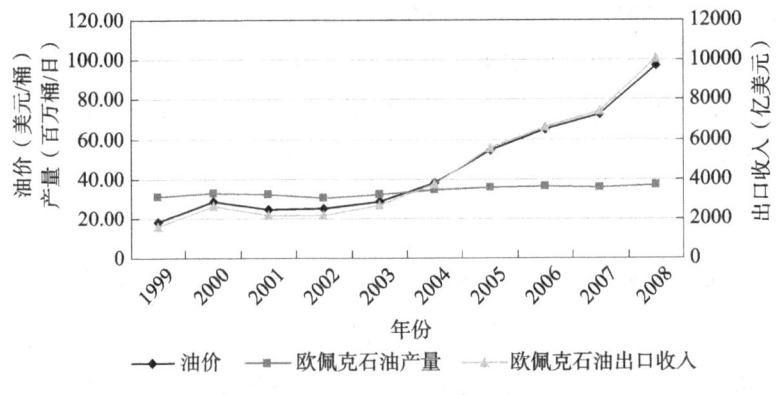

图 4-12　1999—2008 年油价上坡式变化

4.4　油价形成模型研究

市场份额反映了欧佩克的油价控制能力，过低的市场份额对欧佩克石油出口收入的可持续增长不利，过高的市场份额又会造成油价过低，如果市场份额过低，则欧佩克会通过增产来恢复正常市场份额，油价将在一定范围内波动。1985 年欧佩克的市场份额仅为 30%，产量为 2000 万桶/日，此后逐年增加到 1998 年的 3200 万桶/日，市场份额恢复到 45%，油价在 1986—1998 年基本处于较低水平。一旦欧佩克拥有一定的市场份额，市场地位得以巩固，就可能寻机提高油价。1978 年和 1998 年欧佩克的市场份额分别为 49% 和 45%，其在这两个年份以后均开始提高油价。

世界 GDP 反映了石油消费国的石油购买能力，石油花费占 GDP 的比重越大，说明市场承受油价继续上涨的能力越弱；世界 GDP 总量越大，石油消费国购买高价石油的能力就越强。

以 $OPECSH$ 表示欧佩克的市场份额（欧佩克石油产量占世界石油总产量的比重）；以 PEG 表示石油花费（世界石油总产量乘以单位油价）占世界 GDP 的比重，该参数反映世界经济发展状况，其值越高，表明世界石油需求越强劲；以 ST 表示美国石油总库存（百万桶）；USDX 为美元指数；P 为油价。石油产量和价格数据来自《bp 世界能源统计年鉴（2009）》，世界 GDP 数据来自世界银行 2009 年发布的《世界发展指标》，美国石油总库存数据来自美国能源部，为 1979—2008 年的年度数据。将油价 P 视为 OPECSH、PEG、ST 和 USDX 的函数（世界 GDP、欧佩克石油的产量、欧佩克的剩余产能和非欧佩克产油国的石油产量等变量与上述四个变量存在较严重的多重共线性），采用普通最小二乘法（OLS）进行回归，回归结果见表 4-1。由公式（4-1）整理得到公式（4-2）。

表 4-1 回归结果（因变量 P）

变量	系数	标准差	t 统计量	显著性	调整 R^2	F
OPECSH	1.173	0.471	2.491	0.020	0.821	34.184
PEG	0.889	0.080	11.109	0.000		
ST	4.125	0.923	4.471	0.000		
USDX	-0.256	0.512	-0.499	0.622		
常数项	-31.168	9.648	-3.230	0.003		

$$\ln P = -31.168 + 1.173\ln OPECSH + 0.889\ln PEG + 4.125\ln ST - 0.256\ln USDX \quad (4-1)$$

$$P = \mathrm{EXP}(-31.168) OPECSH^{1.173} PEG^{0.889} ST^{4.125} USDX^{-0.256} \quad (4-2)$$

4.5 基于经验模态分解算法的原油价格变化趋势与影响因素分析

4.5.1 经验模态分解算法

经验模态分解（Empirical Mode Decomposition，EMD）算法是一种针

对非线性和非平稳时间序列的数据分解方法。EMD 算法的优点可总结如下：首先，EMD 算法适用于非线性和非平稳时间序列数据分析，可将任意时间序列分解为有限个互相独立的简单模态；其次，分解过程是基于数据本身的局部时间尺度，不依赖任何先验的基函数，因此，EMD 算法是局部的、自适应的且有效的，避免了分解过程中伪模态的生成。

4.5.2 油价分解

1973 年以来的油价变化与主要影响事件如图 4-13 所示。本小节第一个数据样本是 1973 年 10 月—2010 年 1 月的美国从欧佩克进口原油的月度均价（名义价格），共 436 个数据点。第二个数据样本为 1973 年 10 月—2010 年 1 月美国从欧佩克进口原油的月度均价（2008 年美元），共 436 个数据点。第三个数据样本为 2000 年 1 月 3 日—2008 年 7 月 4 日的 WTI 原油现货离岸（FOB）周度均价（名义价格），共 444 个数据点，数据来自美国能源部。EMD 分解结果如图 4-14 所示。

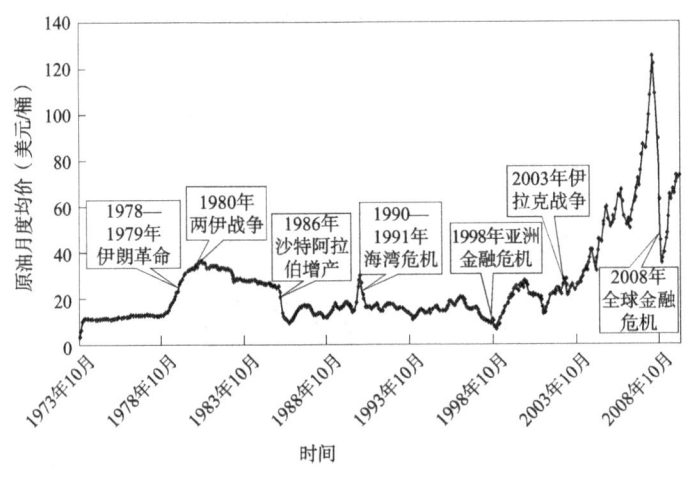

**图 4-13　1973 年 10 月—2010 年 1 月美国
从欧佩克进口原油的月度均价**

数据来源：美国能源部。

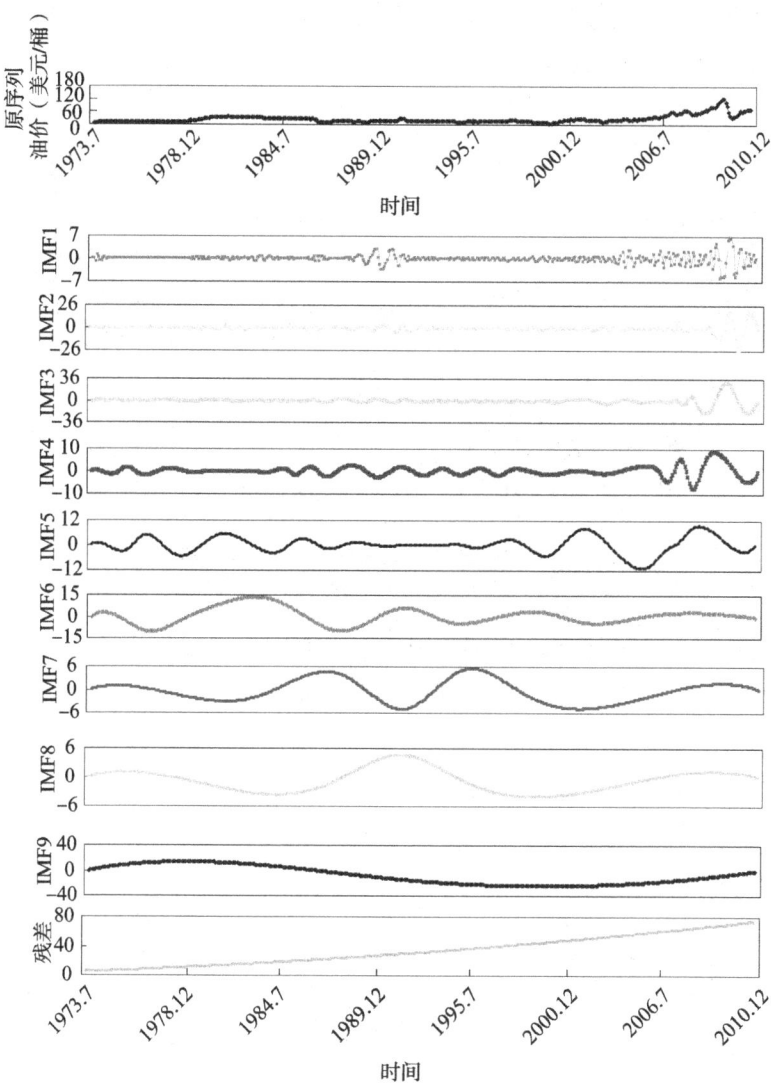

图 4-14　1973 年 10 月—2010 年 1 月美国
从欧佩克进口原油的月度均价的 EMD 分解结果

4.5.3　油价长期走势与中短期影响因素

将三个样本分解后的模态重新组合成高频部分、低频部分和残差项,残差项即油价长期走势，结合市场状况，讨论三个部分对油价的影响，如图 4-15 ~ 图 4-17 所示。

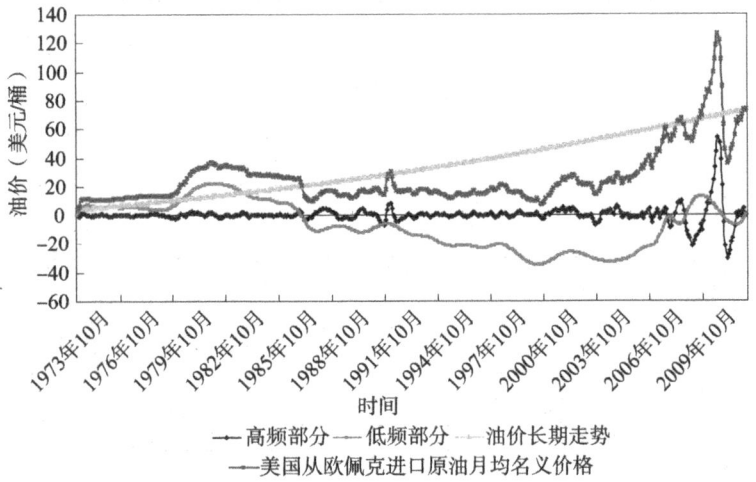

**图 4-15　1973—2010 年低频部分、高频部分、
长期走势项部分与名义油价序列**

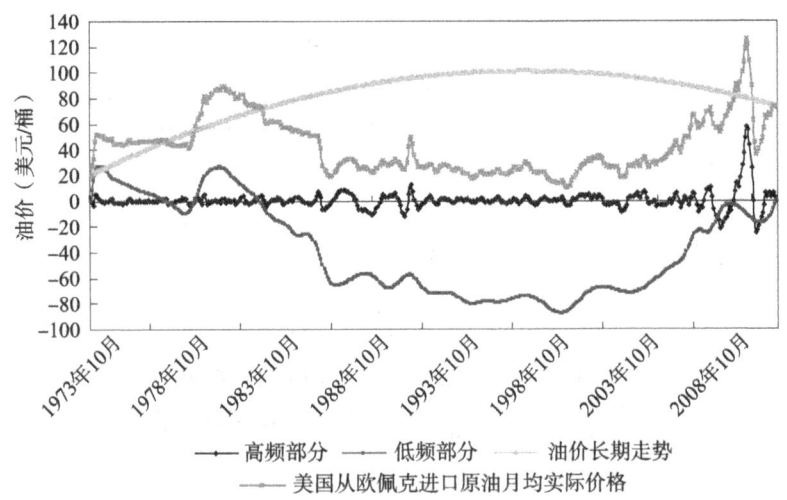

**图 4-16　高频部分、低频部分、长期走势项部分与实际油价序列
(1973 年 10 月—2010 年 1 月美国从欧佩克进口原油的月度均价)**

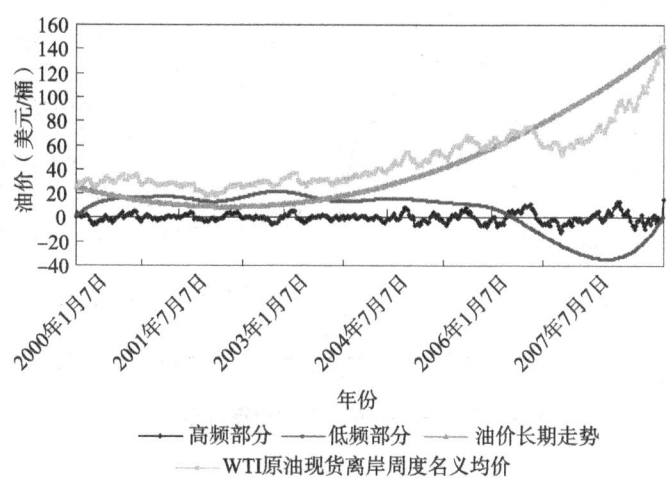

图 4-17 高频部分、低频部分、长期走势项部分与油价序列
(2000 年 1 月 3 日—2008 年 7 月 4 日的 WTI 原油现货离岸周度名义均价)

4.5.3.1 油价长期走势

油价长期走势是由替代能源价格、石油消费国的购买能力和非欧佩克产油国对欧佩克的竞争三种因素共同决定的。一般替代能源的价格远高于长期走势油价；长期走势油价与石油消费国的购买能力正相关，即与世界 GDP 总量正相关，可将石油花费占世界 GDP 的 7.5% 时的油价视为长期走势油价的上限，1980 年石油花费占世界 GDP 的 7.5% (图 4-18)，引发需求下降、经济衰退。如果非欧佩克产油国有能力增产，则有利于油价长期走势下降，如 1978—1984 年非欧佩克石油储量增长 35%，产量增长 20%，导致长期油价走势平缓；如果油价上涨，非欧佩克产油国无力通过增产来降低欧佩克的石油收入，则有利于油价长期走势上升。油价长期走势的上升反映了石油消费国的购买能力越来越强、欧佩克的市场控制能力越来越强、原油价格向替代能源成本看齐的趋势和货币的持续贬值。王震等认为，中长期综合油价在 60 美元/桶左右。❶

---

❶ 王震，赵东，郭庆方. 金融危机对全球石油工业的影响 [J]. 经济与管理研究，2009 (1)：69-74.

原油价格波动分析

图 4-18 1965—2008 年欧佩克市场份额和石油花费占世界 GDP 的比重

数据来源：油价和产量数据来自《bp 世界能源统计年鉴（2009）》，欧佩克市场份额根据其数据计算；世界 GDP 数据来自世界银行于 2009 年发布的《世界发展指标》。

注：石油花费占世界 GDP 的比重 = 油价 × 世界石油年产量/世界 GDP。

油价长期走势为油价的变化提供了参考，特别是在油价与油价长期走势相差较大时，有回归长期走势油价的趋向，但实际油价在大部分时间里总是高于或低于长期走势油价一定的数值。1973—1978 年的实际油价和油价长期走势基本一致，1979—1985 年的实际油价高于油价长期走势。其中，1979—1982 年第二次石油危机期间的油价高于长期走势油价，过高的油价造成需求锐减，加之非欧佩克产油国大幅度增产，到 1985 年，油价跌到 27 美元/桶，接近 22 美元/桶的长期走势油价。1986 年沙特阿拉伯大幅度增产，油价暴跌；1986—1998 年油价低于长期走势油价，并且与趋势项的差距越来越大；1998 年以后油价向长期走势油价靠拢，在 2006 年赶上长期走势油价，2008 年上半年一度超过长期走势油价，2010 年 1 月 70 美元/桶的油价基本和长期走势油价一致（图 4-15）。

选择不同的时间尺度将得到不同的残差项，如果将样本的尺度扩大到 1973 年以前的低油价阶段，得到的残差项在某一时间上的值将小于样本 1 在同一时间上的值。考虑到 1973 年以前美元与黄金挂钩，并且欧佩克国家的石油产量被石油消费国的国际石油公司掌控，选取 1973 年以后的油价数据能更好地反映真实的油价长期走势。样本 2 选取实际油价作为分析对象，其油价长期走势高出实际油价的值在 1986—1998 年明显大于样本 1 的情形（图 4-16），说明以当前价格计价的油价在 1986—1998 年既大幅度低于油价长期走势，也大幅度低于 1974—1985 年的油价。

4.5.3.2 中期调整的影响

低频部分代表一种中期的市场调整，主要是欧佩克对油价的阶段性看法和战略政策及其有效性，中期一般为 1~10 年。低频部分在 1974—1978 年基本没有变化，1978—1981 年上升，1981—1998 年下降，2002—2008 年上半年上升（图 4-15）；1973—1978 年和 1986—1991 年振幅在 10 以内，1980 年振幅达到 20 的最高点，1998—2003 年振幅位于 -30 左右的最低区间。低频部分与油价序列的形态较一致，说明欧佩克的石油产量直接影响到油价的变化。

4.5.3.3 短期市场供需失衡和供需双方应对态度的影响

总体上，高频部分一方面代表对油价产生短期影响的因素，如罢工、小规模投机、气候和石油设施遭受破坏等中小型意外事件，以及战争、大规模投机和金融危机等大规模突发事件；另一方面反映了欧佩克对抑制油价上涨或阻止油价下跌的力度，以及石油进口国应对供应中断措施的力度和有效性。高频部分是市场对供应中断事件本身的直接反应，以及石油市场买卖双方对事件的应对措施的力度和有效性的综合作用结果。高频短期部分一般在 0 附近振荡，均值趋向于 0，代表中小型事件；在重大突发事件持续期间，振幅发生较大变化，如海湾危机期间振幅达到 10，2008 年上半年大规模投机导致振幅超过 50，2008 年年底全球金融危机导致振幅达到 40（拉低油价）。

在重大突发事件导致一定规模的供应中断发生后，市场难以确定供应中断的持续时间和对市场的冲击效果，这一方面依赖于欧佩克做出增产的规模和反应速度，另一方面依赖于消费国的应对措施，如石油战略储备的释放。值得注意的是，欧佩克的主要石油出口国依赖出口石油生存，无论是什么性质的突发事件，事件发生国当局和石油进口国都迫切希望中断的石油生产尽快恢复。历次较大的供应中断发生后，产油国都在不到3年内基本恢复事件前的产量水平，如1978—1979年的伊朗革命、1980年爆发的两伊战争和1990—1991年的海湾危机。

4.5.3.4 油价变化解析

根据前面的分析，得出原油价格主要由长期走势油价、中期调整的影响和短期市场供需失衡三方面构成。长期走势油价反映平稳市场的油价走势，中期调整对长期走势油价进行调整，短期市场供需失衡决定了短期内油价的走势。例如，1999年11月30.4美元/桶的油价，由28.6美元/桶的长期走势油价、-8.4美元/桶的中期调整和10.2美元/桶的短期供应中断效果（不仅是直接供应中断，包括买卖双方应对措施）三部分构成；2008年8月121.9美元/桶的油价包括69.3美元/桶的长期走势油价、-0.5美元/桶的中期调整和53.2美元/桶的投机效果三部分组成；2009年12月73.6美元/桶的油价基本接近长期走势油价（图4-15），中期调整和短期的影响都不明显。

4.6 重大供应中断前后油价的变化研究

战争、石油设施损坏、罢工等突发事件都可能造成石油供应中断，特别是战争往往会造成巨大的石油供应缺口。分析油价在突发事件发生之前、期间和结束后的变化特征有助于理解其变化规律。本节将基于EMD算法，结合市场状况和国际政治因素，分析海湾危机和委内瑞拉罢工—伊拉克战争两次重大供应中断前后油价的变化。

4.6.1 海湾危机前后油价的变化

伊拉克于1990年8月2日突然出兵占领科威特，美国于1990年8月7日开始增兵海湾，1990年11月29日，联合国安理会规定1991年1月15日为伊拉克撤军的最后期限。1991年1月17日，以美国为首的多国部队开始进攻伊拉克的军队；1991年2月27日，伊拉克宣布无条件从科威特撤军，海湾战争结束。

伊拉克占领科威特后遭到国际制裁，被禁止出口石油；在此期间，科威特的石油产量几乎下降为0，直接造成两国约420万桶/日的供应中断，到1990年10月11日，油价涨到40.07美元/桶的当期最高点。其他欧佩克成员国于1990年9月底开始增产，到11月底，欧佩克的总产量基本与同年7月的产量齐平（表4-2）。油价从1990年10月11日开始回落，到1990年12月底达到约27美元/桶；1991年1月17日，多国部队开始进攻伊拉克军队，油价从16日的32.25美元/桶暴跌到17日的21.48美元/桶；到战争结束时，油价基本与伊拉克入侵科威特前的油价齐平（图4-19）。

表4-2 海湾危机期间世界石油产量

单位：百万桶/日

国家（地区）	1990年				1991年		
	7月	8月	11月	12月	1月	2月	3月
沙特阿拉伯	5.45	5.85	8.35	8.61	8.14	8.20	8.00
伊拉克	3.30	1.00	0.43	0.43	0.25	0	0
科威特	1.85	0.10	0.08	0.08	0.05	0	0
欧佩克	25.77	22.10	25.17	25.65	25.03	24.94	24.82
非欧佩克产油国	25.20	25.31	26.25	26.26	26.12	26.15	26.15

数据来源：Clo（2004）。

原油价格波动分析

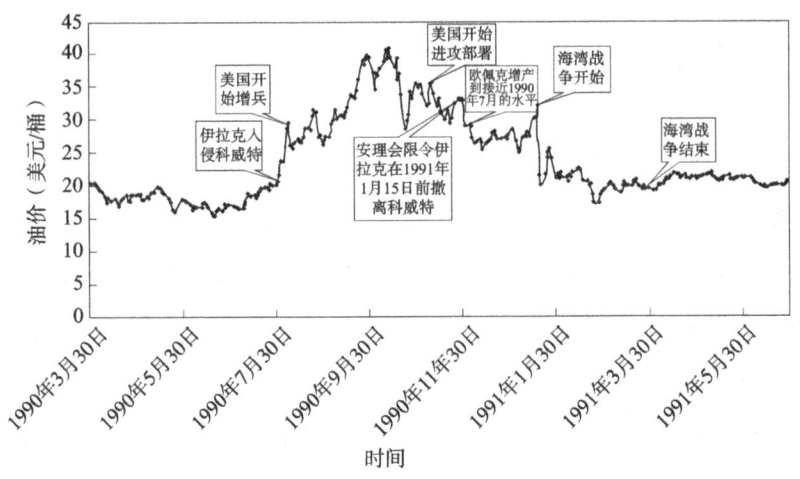

图 4-19　1990 年 3 月 20 日至 1991 年 6 月 28 日 WTI 原油价格

数据来源：Clo（2004）。图 4-20~图 4-22 的数据来源与此相同。

分析期为 1990 年 3 月 30 日—1991 年 6 月 28 日，共 320 个数据点，海湾危机事件期间为 1990 年 8 月 2 日—1991 年 2 月 27 日。EMD 分解结果如图 4-20 所示。伊拉克入侵科威特后，直接造成科威特石油出口中断，然后伊拉克受到制裁被禁止出口石油，市场出现石油短缺，走势油价开始上涨（图 4-21 和图 4-22）。1990 年 8 月底欧佩克宣布增产，1990 年 10 月 17 日走势油价达到峰值，即石油供应、石油需求与走势油价达到平衡；之后，欧佩克石油产量的继续增加逐渐压低走势油价，直到 1991 年 2 月 27 日以前，走势油价一直不断回落，实际油价与走势油价基本一致。投机造成的实际油价与走势油价的最大差距为 8 美元左右，发生在多国部队进攻伊拉克军队的前一天，即 1991 年 1 月 16 日。海湾危机结束后，伊拉克实力受到极大削弱，不再具备威胁其他海湾国家安全的实力，油价恢复到伊拉克入侵科威特之前的水平。

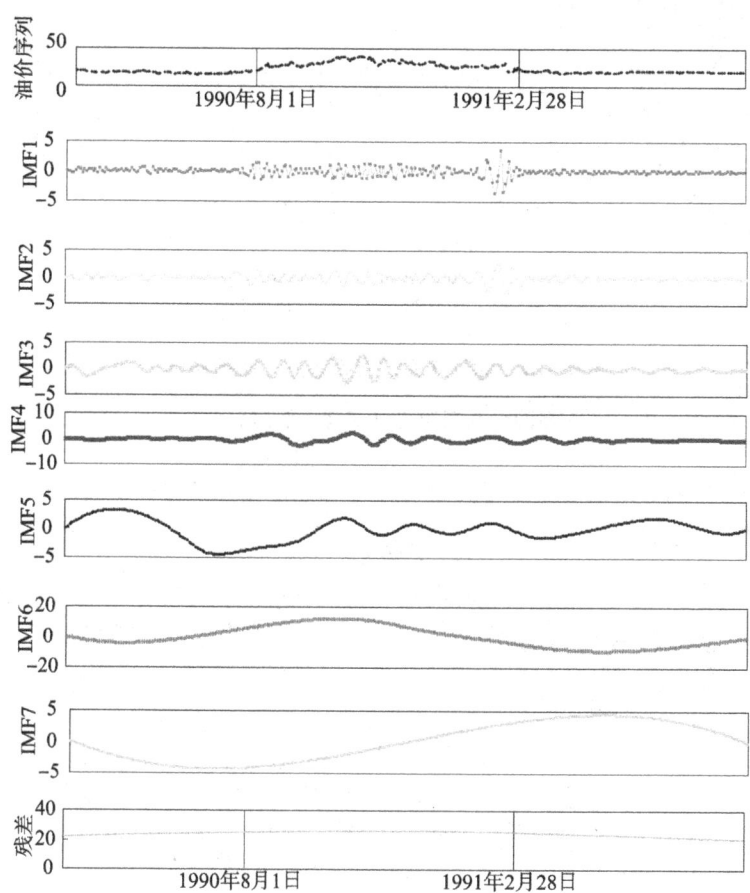

图 4-20　1990 年 3 月 30 日—1991 年 6 月 28 日
WTI 原油价格序列的 EMD 分解结果

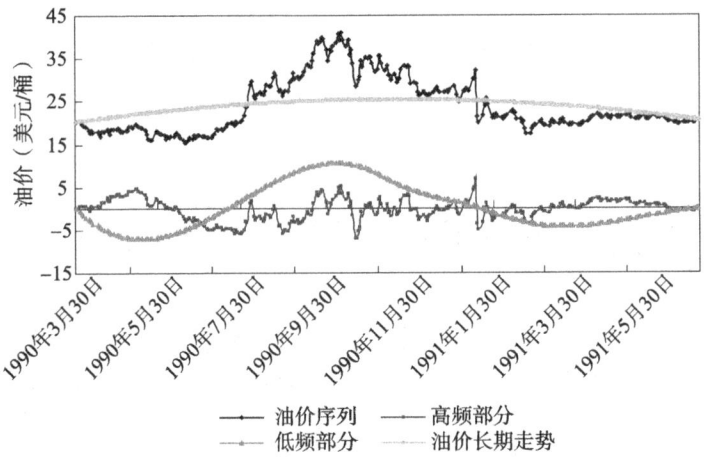

图 4-21 油价序列、高频部分、低频部分
与油价长期走势（海湾危机前后）

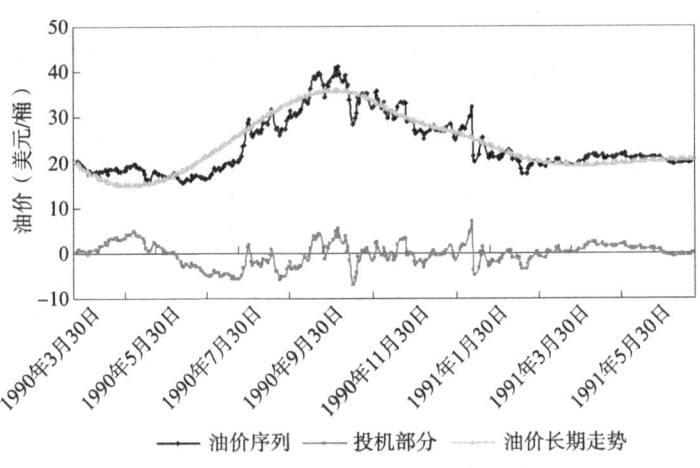

图 4-22 油价序列、投机部分与油价长期走势（海湾危机前后）

4.6.2 委内瑞拉罢工—伊拉克战争前后油价的变化

2002年12月2日，委内瑞拉爆发全国大罢工，2003年3月20日伊拉克战争爆发。到伊拉克战争爆发时，委内瑞拉的石油产量尚未恢复到罢工

前的水平，委内瑞拉罢工造成的石油供应中断与伊拉克战争造成的石油供应中断在时间上出现一段重叠，因此本小节分析从委内瑞拉罢工开始到伊拉克战争结束这段时期的油价变化。

与罢工前292万桶/日的产量相比，委内瑞拉在2003年2月底恢复了50%的产量，到2003年3月底恢复了80%的产量。其他欧佩克成员国从2002年12月底开始增产，到2003年2月，欧佩克的总产量已经超过委内瑞拉罢工前的总产量（表4-3和图4-23）。尽管自2002年12月底以来石油供应中断的规模在不断缩小，但油价仍在上涨，罢工前的油价为26.87美元/桶，2003年1月31日的油价为33.51美元/桶，2003年2月28日的油价为36.76美元/桶，到2003年3月12日达到37.87美元/桶的峰值。峰值油价出现在伊拉克战争爆发的前8天，因为美国和英国在战前几个月的时间里不断增兵海湾地区，战前的局势已经较为紧张，如果伊拉克不妥协，战争就不可避免，而战争将直接造成伊拉克的石油出口中断。战前伊拉克的石油出口量为150万桶/日，市场对伊拉克战争的不确定性存在恐慌预期，2003年2月，欧佩克的总产量已经超过委内瑞拉罢工前的总产量，欧佩克的持续增产消除了市场的恐慌，从2003年3月初开始，油价逐渐回落，到2003年5月1日战争结束时，油价为26.05美元/桶。2003年5月6日，油价出现25.65美元/桶的最低点，之后沙特阿拉伯决定减产，油价开始反弹；到2003年6月5日，油价突破30美元/桶，高于委内瑞拉罢工前的油价。

表4-3 委内瑞拉罢工—伊拉克战争期间石油产量变化

单位：百万桶/日

国家（地区、组织）	2002年		2003年							
	11月	12月	1月	2月	3月	4月	5月	6月	7月	8月
伊拉克	2.39	2.32	2.54	2.48	1.37	0.05	0.29	0.45	0.57	1.05
沙特阿拉伯	8.10	8.05	8.50	8.80	9.38	9.52	9.32	8.63	8.54	8.54
委内瑞拉	2.92	1.00	0.62	1.43	2.35	2.52	2.63	2.60	2.60	2.60
委—伊合计	5.31	3.32	3.16	3.91	3.72	2.57	2.92	3.05	3.17	3.65

续表

国家（地区、组织）	2002年 11月	2002年 12月	2003年 1月	2月	3月	4月	5月	6月	7月	8月
委—伊合计与2002年11月相比	0	-1.99	-2.15	-1.40	-1.59	-2.74	-2.39	-2.26	-2.14	-1.66
欧佩克	27.04	25.26	25.79	27.11	27.73	26.93	27.08	26.35	26.48	26.96
欧佩克与2002年11月相比	0	-1.78	-1.25	0.07	0.69	-0.11	0.04	-0.69	-0.56	-0.08
非欧佩克产油国	48.41	48.54	48.63	48.99	48.82	48.36	48.24	48.17	48.75	48.76
世界总计	75.45	73.8	74.42	76.1	76.55	75.29	75.32	74.52	75.23	75.72
国际油价（美元/桶）	26.35	29.46	32.95	35.83	33.51	28.17	28.11	30.66	30.75	31.57

数据来源：美国能源部。

注："委—伊"代表委内瑞拉和伊拉克。

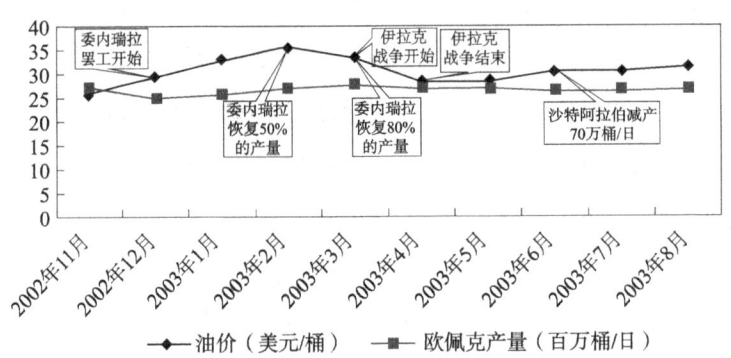

图 4-23 2002年11月21日—2003年8月29日 WTI 原油价格

数据来源：油价数据来自美国能源部；产量数据来自《bp 世界能源统计年鉴（2009）》。

事件期间为 2002 年 12 月 2 日委内瑞拉罢工开始到 2003 年 5 月 1 日伊拉克战争结束，罢工是突发的，罢工以前的油价与罢工没有相关性，而战争结束后，欧佩克的产量行为可能发生改变，从而影响到油价。因此，选取分析期为 2002 年 11 月 21 日—2003 年 8 月 29 日，共 193 个数据点。EMD 分解结果如图 4-24 所示，走势油价的变化趋势（图 4-25）与真实

第4章 原油价格变化特征研究

油价的变化趋势基本一致，走势油价与投机部分较好地反映了短期内油价的变化特征。委内瑞拉罢工爆发后，直接造成委内瑞拉石油出口中断，市场出现石油短缺，走势油价开始上涨。欧佩克于2002年12月底开始增产，2003年2月中旬走势油价达到峰值，即石油供应、石油需求与走势油价达到平衡，之后欧佩克石油产量的继续增加逐渐压低走势油价，直到2003年5月1日以前，走势油价一直不断回落，实际油价与走势油价基本一致。投机造成的实际油价低于走势油价的最大差距为4.54美元，发生在2003年

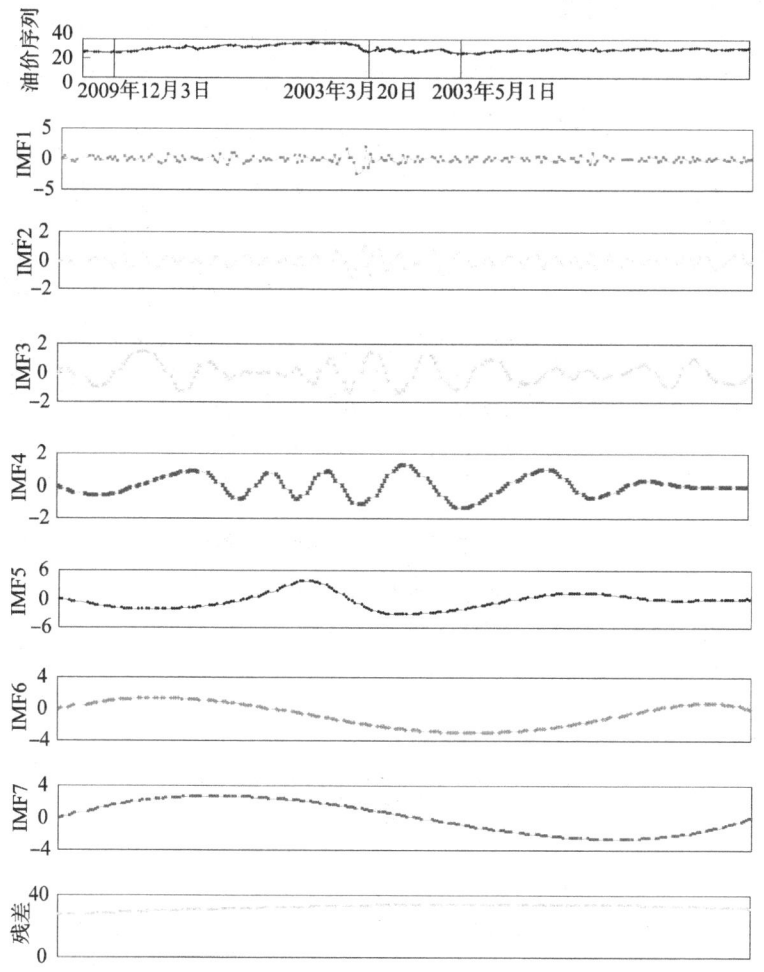

图4-24 2002年3月30日—2003年5月1日WTI原油价格序列的EMD分解结果

数据来源：Clo（2004）。

3月20日，即美英联军打击伊拉克军队的第一天；投机造成的实际油价高于走势油价的最大差距为3.02美元，发生在2003年4月21日。而在从委内瑞拉罢工开始到2003年1月底石油产量已恢复50%的时间里，投机造成的油价波动不到2美元/桶，明显小于伊拉克战争期间投机造成的油价波动，这符合罢工事件持续时间短、市场对罢工事件没有恐慌预期等特征。伊拉克战争结束后，美军驻扎伊拉克不符合沙特阿拉伯的利益，沙特阿拉伯决定减产，油价开始反弹，到2003年6月5日油价突破30美元/桶，高于委内瑞拉罢工前的油价。

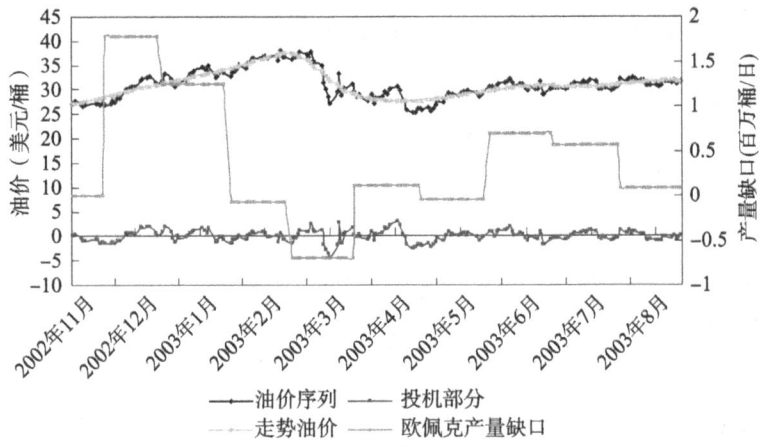

图4-25　油价序列、投机部分、走势油价与欧佩克产量缺口

（委内瑞拉罢工—伊拉克战争）

注：欧佩克产量缺口为当月产量减去2002年11月的产量。

4.7　未来原油价格展望

未来石油供给将更依赖欧佩克，2008年上半年，欧佩克的剩余产能大约是200万桶/日，全球金融危机造成2008年下半年石油需求锐减，2008年12月欧佩克减产420万桶/日后，共有620万桶/日的剩余产能，约3.1

亿吨年产能。2007年，中国和印度共消费石油5.1亿吨，但人均消费不到美国的1/10，增长空间巨大。随着经济的发展，石油消费国迟早会消化掉欧佩克的剩余产能。欧佩克秘书长于2007年表态，在2020年之前，欧佩克将投入5000亿美元增加900万桶/日的产能，以确保国际石油供应。

1980年油价为96.6美元/桶（2008年价格水平），石油消费约占世界GDP的7.3%，过高的油价引发了广泛的经济衰退；2007年油价为75.1美元/桶，2008年油价约为97.3美元/桶。2007年石油消费约占中国GDP的5%，2008年约占6%，已逼近1980年的世界最高值。若油价达到125美元/桶，当前石油消费占世界GDP的比重将达到1980年的水平。以不变价格考虑，剔除美元汇率变动及通货膨胀的影响，若油价超过150美元/桶，对世界经济发展的副作用将是明显的。由此可见，150美元/桶可能是当前世界经济所能承受的油价上限，随着中国、印度两国的经济发展，世界可承受油价上限将会上调，但近期很难突破200美元/桶。

欧佩克希望分享世界经济发展成果，即希望其石油收入占世界GDP的比重维持在一定水平。目前，欧佩克一揽子油价追随原油期货价格，通过减产、增产或扩大产能来影响原油期货价格，通过原油期货价格来表达其期望的目标价位。以下为将来原油期货价格的几个运行区间：①世界经济不景气，石油需求大幅度减少，油价可能低于50美元/桶；②经济缓慢复苏，石油需求小幅度增加，油价进入50~90美元/桶的上升通道；③经济发展良好，石油需求增加，欧佩克有一定的剩余产能应付未来石油需求的增长，油价上涨到90~125美元/桶；④经济发展良好，石油需求持续增加，欧佩克剩余产能有限，市场对未来石油供应担忧，油价上升到125~200美元/桶。

在低碳时代，原油需求增长放缓（表4-4），中长期对原油需求下降的普遍认识将使原油开发生产投入大幅度减少，无论是出口国还是进口国，普遍缺乏增加原油生产投入动力，原油公司更加偏好实施短期就能产出的项目，甚至拒绝勘探新储量，这已成为世界油气行业的新常态，近年

原油价格波动分析

新增储量增速降至历史最低水平，世界将面临油气严重缺口风险。美国页岩油产量可能在2030年前后达到峰值并开始下降（表4-5）。为维持当前石油开采水平至2040年，全球油气领域投资须达到17万亿美元，约为能源投资总额的1/3。2035年之前很可能由于投资不足造成原油供应阶段性短缺，市场处于库存持续下降、略微供不应求的紧张平衡状态；2035年之后的一段时期，也可能出现供应能力下降速度快于需求下降速度，国际原油市场处于原油总需求下降趋势中的供不应求状态。

原油作为重要化工原料，随着世界经济发展，对其需求仍将缓慢增长，由于需求的恢复，以及"欧佩克+"的一致行动控制产量，加之低碳转型期全球面临能源紧张形势，预计2023年国际原油价格为80~120美元/桶。直到2035年，油价将可能维持在90~200美元/桶的中高位水平。在2035年原油总需求达峰并逐步下降后，油价可能开始回落。

表4-4 2019—2045年世界石油需求预测

单位：百万桶/日

地区（国家、组织）	2019年	2020年	2025年	2030年	2035年	2040年	2045年	2019—2045年增量
经合组织（美洲）	25.6	23.3	25.7	24.8	23.1	21.2	19.3	-6.3
经合组织（欧洲）	14.3	12.6	13.7	12.9	12.0	11.1	10.2	-4.1
经合组织（亚洲及大洋洲）	7.9	7.1	7.4	6.9	6.4	5.8	5.2	-2.7
经合组织	47.8	43.0	46.8	44.6	41.5	38.1	34.7	-13.1
拉美	6.2	5.8	6.6	7.1	7.4	7.6	7.9	1.7
中东及非洲	4.3	3.9	4.8	5.5	6.2	6.9	7.6	3.3
印度	4.8	4.3	5.8	7.2	8.6	9.9	11.1	6.3
中国	13.1	12.1	14.4	15.5	16.2	16.7	17.1	4.0
亚太其他	9.0	8.5	9.9	10.9	11.7	12.4	13.0	4.0
欧佩克	8.7	8.2	9.5	10.5	11.3	11.7	11.7	3.0
俄罗斯	3.6	3.2	3.7	3.8	3.8	3.8	3.7	0.1
欧亚大陆其他	2.0	1.8	2.1	2.2	2.3	2.3	2.3	0.3
非欧佩克	51.8	47.8	56.9	62.6	67.4	71.2	74.3	22.5
世界总计	99.7	90.7	103.7	107.2	108.9	109.3	109.1	9.4

数据来源：欧佩克《世界石油展望2045》。

表4-5 全球致密油供应前景预测

单位:百万桶/日

国家（地区）	2019年	2020年	2025年	2030年	2035年	2040年	2045年	2019—2045年增量
美国	11.7	10.9	14.5	15.8	15.4	14.3	13.3	1.6
加拿大	0.5	0.4	0.6	0.6	0.6	0.6	0.5	0
俄罗斯	0	0	0.1	0.2	0.3	0.4	0.4	0.4
阿根廷	0.1	0.1	0.1	0.2	0.3	0.3	0.3	0.2
其他国家和地区	0	0	0.1	0.1	0.1	0.1	0.1	0.1
世界总计	12.3	11.4	15.4	16.9	16.7	15.7	14.6	2.3

数据来源：欧佩克《世界石油展望2045》。

第5章 美国页岩油产业的兴起与欧佩克的应对策略

需求和供应是影响原油价格的根本因素。世界原油需求主要由经济发展、技术水平和能源政策决定。世界原油供应来自欧佩克、非欧佩克原油出口国和原油进口国及地区三部分。世界原油需求增长、非欧佩克原油出口国和原油进口国及地区原油产量下降，有利于欧佩克提高市场控制能力，支撑油价上涨；世界原油需求下降、非欧佩克原油出口国和原油进口国及地区原油产量上升，则不利于欧佩克提高市场控制能力，会给油价带来下行压力。欧佩克必须把握世界原油需求变化趋势、非欧佩克原油出口国和原油进口国及地区原油产量变化趋势，制定使自身利益最大化的策略。自2008年6月国际油价创下147美元/桶的新高后，由于全球金融危机的影响，国际油价于2009年年初跌到最低40美元/桶，主要国家纷纷出台强有力的经济刺激政策，世界经济很快探底回升，国际原油价格在2011年上涨到90~100美元/桶，全球石油需求持续增长（图5-1）。但与此同时，美国页岩油勘探开发取得重大突破，一场页岩油革命悄然来临，欧佩克如何应对不断增产的页岩油挤占其市场份额？美国页岩油产量究竟能达到什么样的规模？其他国家是否能像美国一样大规模开采页岩油？页岩油的成本能下降到什么水平？油价是向页岩油平均成本靠拢还是保持在高位？本章将基于欧佩克核心沙特阿拉伯、科威特、阿联酋三国收益最大化的视角，分析欧佩克如何应对美国页岩油产量快速增加、"欧佩克+"的形成以及油价变化。

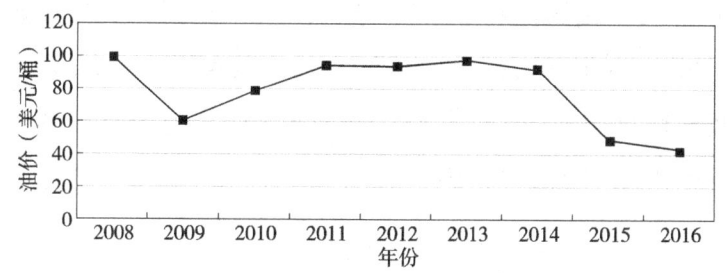

图 5-1　2008—2016 年 WTI 原油价格

数据来源：《bp 世界能源统计年鉴（2021）》。

5.1　美国页岩油产业概况

根据《bp 世界能源统计年鉴（2021）》相关数据显示，自 2010 年以来，美国石油公司利用水平井、压裂技术、电加热、对流加热、射频加热等技术，在页岩油勘探开发上取得重大突破，2013 年年底美国页岩油产量已高达 350 万桶/日；2015 年美国页岩油产量占美国原油总产量的一半左右；2018 年美国页岩油产量达到 650 万桶/日，约占美国原油总产量的 59%。2018 年美国再次成为全球第一大产油国，约占世界原油产量份额的 15%（图 5-2）。

据美国能源部的模型预测，在当前资源和技术水平的前提下，美国原油产量在未来十年将持续增长，2030 年其原油产量将达到 1446 万桶/日。按照以往的经验，在油价远低于页岩油成本的时候，美国页岩油会迅速减产；当油价高于页岩油成本的时候，美国页岩油会迅速增产。美国页岩油的开采生产具有对油价快速响应的特性。

与传统原油开发模式不同，美国页岩油产业的蓬勃发展是由众多中小型公司推动的。据美国能源部统计，美国有 7000 多家涉及页岩油业务的公司，其中 6900 多家是中小型企业，这些企业或是独立的油气生产商，或是油田服务公司，或是金融投资公司。它们彼此相互协作、相互依赖，支撑着美国页岩油产业持续发展。页岩油属于非常规油气资源，页岩油井的有效生命周期为2~3年，投产一年后，其产量降幅高达40%~50%。因此，在页岩油生产过程中，不得不持续性地钻探新井，这是典型的资本驱动行业。

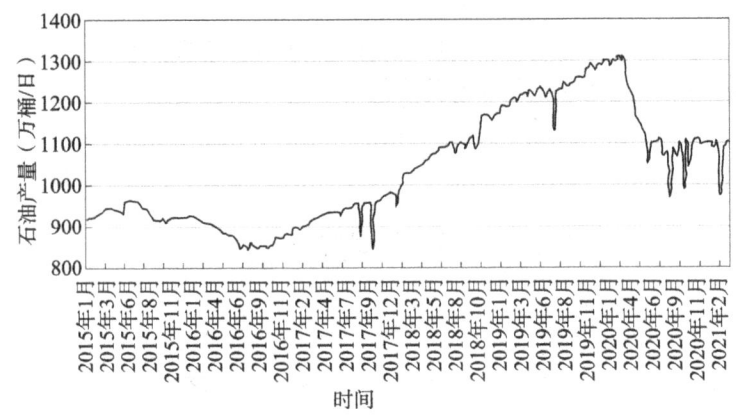

图5-2　2015年1月—2021年2月美国石油产量

数据来源：美国能源部。

不管是高油价时期还是低油价时期，美国大部分页岩油公司的财务状况都表现不佳，据美国能源部统计，2006—2019年页岩油行业的年投资回报率均未超过10%。2018年美国页岩油生产商发行的债券和股权降至220亿美元，不到2016年募集金额的一半，投资者开始对页岩油产业保持谨慎。中小型页岩油生产商一直维持较高的财务杠杆率，随着美联储暂停量化宽松政策，融资成本提高，同时投资者对页岩油公司的债务推动型增长模式越来越不满，派发股息压力增大，中小型页岩油公司的发展潜力受到制约。但这并不意味着美国页岩油产业将步入下坡路，因为埃克森美孚、雪佛龙等综合性国际能源大公司正推动着页岩油产业的新一轮革命。

由于受到技术条件、环保、经济效益等因素的限制，目前只有美国和加拿大实现了页岩油的大规模商业化开采。美国页岩油资源主要分布在七大盆地，分别是二叠纪（Permian）、巴肯（Bakken）、鹰福特（Eagle Ford）、尼奥布拉拉（Niobrara）、阿纳达科（Anadarko）、阿巴拉契亚（Appalachia）和汤恩斯维尔（Haynesville），其中二叠纪盆地是美国页岩油第一大产区。截至2019年9月，二叠纪盆地的页岩油产量已攀升至约450万桶/日，占所有页岩油产量增幅的比例高达65%。二叠纪盆地位于得克萨斯州西部和新墨西哥州东南部，曾经是北美大型传统油田，后来逐渐衰落，页岩油气革命使其重新成为主产区。二叠纪盆地页岩油资源储量丰富，技术可采储量为350亿桶，且储层条件较好，产油层多、厚，含油饱和度高。从油田生命周期看，二叠纪盆地仍处于开发中早期，根据伍德麦肯兹（Wood Mackenzie）的报告，在50美元/桶油价的条件下，二叠纪盆地仍有6万余口剩余经济井位，开发潜力较大。

综合来看，综合性国际能源大公司纷纷入局美国页岩油产业，行业集中度提升，页岩油产业或将迎来新一轮革命。同时，生产商积极利用原油衍生工具对冲油价风险，锁定生产利润，随着2019年下半年大量新增管输运能的投产运营，库存井产能有望得到加速释放，并带动美国原油总产量出现阶梯式增长。因此，美国页岩油产量仍有较大的增长潜力，对国际原油市场的边际影响也将越来越明显。

5.2 美国页岩油成本状况

5.2.1 美国页岩油气井成本构成

美国的页岩油气生产主要依赖于水平井压裂技术。从页岩油气开采环节来看，成本结构包括两个方面。其一为矿权购置成本和钻探完井成本。矿权购置成本主要有两种形式：一是规定期限内的每英亩价格，二是将页岩油气产量的一部分（一般为1/8~1/4）作为支付给所有者的地租。矿权购置成本和钻探完井成本均为页岩油气生产的固定成本，在油气生产启动后即变成沉没成本。其二为页岩油气的运营成本，包括页岩油气的提升、加工、运输成本和生产税等。

钻探完井成本与开采技术息息相关。美国由于水平井压裂技术的进步，其页岩油气的开采进入了新时期。一般来说，钻探完井成本包括钻井成本、完井成本、设备成本，以及相应的运营成本。

钻井成本：根据美国能源部的统计，美国内陆钻井成本约占钻探完井总成本的30%~40%。这些费用指的是使用钻机钻井至一定深度所产生的费用，主要包括套管和衬管、钻头、钻机租赁费，测井和其他服务费，水泥、泥浆、钻井液及燃料成本。

完井成本：根据美国能源部的统计，美国内陆完井成本占钻探完井总成本的55%~70%。该项成本的用途包括油井射孔、压裂、供水和处理。

设备成本：根据美国能源部的统计，美国内陆设备成本占钻探完井总成本的7%~8%。这些费用的用途包括道路施工和现场准备；地面设备，如储罐、分离器、脱水机和连接集输系统；人工升降机装置。

运营成本：主要包括租赁运营费用，成本高低取决于产品、位置、油井尺寸和油井生产率。通常该项成本的用途包括人工提升、油井维护和小型修井活动；将石油和天然气产品运送至采购点的可变运营成本或定价中心，包括收集、加工、运输和气体压缩。

5.2.2 美国页岩油气井成本现状

在不同的页岩板块，钻探完井成本差距较大。此外，技术的更新迭代也会影响钻探完井成本。根据美国能源部的统计，2010—2012年，各板块的钻探完井成本都在增加。2012年之后，钻探完井成本逐年下降。值得注意的是，在美国能源部统计的五大板块中，米德兰（Midland）板块的钻探完井成本最高，2015年钻探完井平均成本约为700万美元；特拉华（Delaware）板块的钻探完井成本最低，2015年钻探完井平均成本约为580万美元。

此外，美国能源部对水平井的垂直段和水平段分别做了成本统计。2012年之后，由于技术进步，水平段和垂直段的成本持续下降。2015年，垂直段成本为100~150美元/英尺，水平段成本为400~600美元/英尺。巴肯地区的垂直段和水平段的成本均为五大板块中的最低者。

5.2.3 页岩油成本测算

美国页岩油生产主要集中在七大页岩油气区块，其中以二叠纪、鹰福特和巴肯为主，这三大区块的原油产量占七大油气区的80%以上。这三大板块也存在众多的页岩油生产企业，按原油产量计算，其中较大的有雪佛龙、EOG能源、大陆资源公司等。页岩油成本与油页岩资源禀赋息息相关。大陆资源、绿洲石油和桑切斯能源公司的营业收入分别来自二叠纪、鹰福特和巴肯三个产区页岩油气开采所得。分别用大陆资源、绿洲石油和桑切斯能源公司的页岩油成本代表二叠纪、鹰福特和巴肯三个产区的平均成本。此外，雪佛龙和EOG能源是美国最大的两家页岩油生产企业，有若干产区。这两家公司的页岩油生产成本在一定程度上可以视为美国页岩油的平均成本。

EOG能源公司创立于1985年，其总部位于美国得克萨斯州的休斯敦，是一家石油和天然气勘探、开采公司。EOG能源公司的业务主要集中在美国、加拿大、英国、中国、阿根廷。截至2018年12月底，EOG能源公司拥有总探明储量约29.28亿桶油当量，其中原油和凝析油储量15.32亿桶，凝析油储量达6.14亿桶，天然气储量约4.69万亿立方英尺。2016—2018年，EOG能源公司页岩油的完全成本略有升高，2018年其油当量成本达49.72美元/桶。

雪佛龙股份有限公司（Chevron Corporation）是世界上最大的全球性能源公司之一，其总部位于美国加利福尼亚州圣拉蒙市，并在全球超过180个国家有业务。其业务范围覆盖石油及天然气工业的各个方面：探测、生产、提炼、营销、运输、石化、发电等。雪佛龙在全球石油开采领域居领先地位，截至2018年年底，雪佛龙的平均开采量为290万桶油当量/日。根据测算，2016—2018年，雪佛龙页岩油的完全成本逐年下降，2018年其油当量成本只有48.39美元/桶。

桑切斯能源公司（Sanchez Energy Group）成立于2011年，其总部位于美国特拉华州，是一家专注于美国陆上石油和天然气资源开发的独立勘探与生产公司。根据测算，2016—2018年，其页岩油的完全成本逐年下降，2018年的油当量成本只有28.66美元/桶。

大陆资源公司（Continental Resources Inc.）是美国排名第三的独立油气生产企业，其总部位于俄克拉荷马城，是北达科他州和蒙大拿地区最大的油气承租企业和生产企业之一。其主要生产区域在巴肯地区，该地区是美国第三大页岩油气区块，仅次于二叠纪和鹰福特。根据测算，2016—2018年，该公司页岩油的完全成本相对稳定，2018年的油当量成本只有31.80美元/桶。

康桥资源公司（Concho Resources Inc.）总部位于美国特拉华州，成立于2006年2月，是一家独立的石油和天然气公司，从事石油的收购、开发、勘探和天然气的生产。其业务主要集中在新墨西哥东南部和得克萨斯西部的二叠纪盆地。截至2018年12月31日，该公司的探明储量共11.87亿桶油当量，其中约63%为石油，约37%为天然气。根据测算，2016—2018年，其页岩油的完全成本总体呈下降趋势，2018年的油当量成本只有32.27美元/桶。

绿洲石油公司（Oasis Petroleum Inc.）是一家独立的勘探及生产公司。该公司专注于在威利斯顿盆地、北达科他、蒙大拿地区收购和开发非常规石油及天然气资源。勘探及生产部门从事石油、天然气资源的收购与开发业务；油气井服务部门向该公司通过绿洲石油北美有限责任公司（Oasis Petroleum North America，以下简称 OPNA）运营的油井和天然气井提供完井服务；中游服务部门为该公司通过 OPNA 运营的油井和天然气井提供咸水收集、处理以及其他中游服务。该公司的项目包括威利斯顿盆地（Williston Basin）项目、西威利斯顿（West Williston）项目及西尼森（East Nesson）项目。该公司还通过绿洲井服务有限责任公司经营油气井服务，并通过绿洲中游服务有限责任公司经营中游服务业务。根据测算，2016—2018 年，其页岩油的完全成本总体平稳，2018 年成本突然上涨是因为公司当年的计提折旧超过往年。该公司原油成本中枢大概为 53 美元/桶。

2018 年，页岩油气生产企业的油价平衡点约为 50 美元/桶。根据原油产量、生产地区等因素，选取了雪佛龙、EOG 能源、康桥资源、绿洲石油、大陆资源和桑切斯能源公司作为研究对象，覆盖二叠纪、鹰福特、巴肯这三个最重要的页岩油气生产地区，以财务报表的视角，计算出 2018 年页岩油气生产企业的平均完全成本约为 50 美元/桶。

5.2.4 美国页岩油产业的最新特点

美国页岩油增产空间大，对原油市场响应迅速。目前，美国原油产量在全球排名第一。2018 年美国页岩油产量达到 650 万桶/日，贡献了美国原油总产量 59% 的份额。页岩油短期供应爆发力取决于库存井数量，截至 2019 年 9 月，美国拥有库存井 7794 口，处于历史较高水平。据美国能源部预测，2020 年美国原油产量将达到 1309 万桶/日，比 2019 年产量增长约 80 万桶/日，是不容忽视的边际供应量。此外，页岩油气井开发周期一般只需 3~6 个月。根据以往经验，在油价远低于页岩油成本的时候，新井产量衰减得较快，美国页岩油可实现迅速减产；当油价高于页岩油成本的时候，启动库存井，美国页岩油可实现迅速增产。美国页岩油气的开采生产灵活度高，能够对原油市场做出快速响应。

如前文所述，美国页岩油产业的蓬勃发展是由众多中小型公司推动的。据统计，美国有7000多家涉及页岩油业务的公司，其中6900多家是中小型企业。页岩油属于非常规油气资源，页岩油井的有效生命周期为2~3年，生产过程中不得不持续性地钻探新井，这是典型的资本驱动行业。近期，埃克森美孚、英国石油、壳牌等公司纷纷扩大了各自在二叠纪盆地的业务规模，雪佛龙更是以330亿美元收购独立石油公司阿纳达科（Anadarko），后者在二叠纪盆地的年产出约合40亿桶油当量。由于这些石油巨头的财务状况更加健康，而且其业务涵盖勘探开发、油气集输、炼油化工以及油品销售，具有全产业链竞争优势，抗风险能力要远远好于中小型页岩油生产商。能源巨头们的入局将显著提升美国页岩油行业集中度，页岩油潜力有望得到进一步释放。

目前，全球原油供过于求，而且供过于求的程度呈现上升趋势。2019年11月，全球原油需求约为9414万桶/日，全球原油供给约为10214万桶/日，供给量超过需求量800万桶/日。据美国能源部的模型预测，在当前资源和技术水平的前提下，美国原油产量在未来十年将持续增长。在低油价时期，页岩油产量会迅速下降；在高油价时期，页岩油产量会迅速提升。美国能源部的预测说明美国页岩油增产潜力较大。美国页岩油将会对全球原油价格上涨产生持续抑制作用。

5.3 欧佩克的应对策略

本节将分析欧佩克应对美国页岩油增产的五种策略的得失：①通过削减产量保价，放任页岩油增产；②通过大幅增产压低油价，使油价跌至页岩油成本以下，从而清除或部分清除页岩油；③稳产或小规模减产（5%以内），与页岩油共存；④组织更广泛的减产联盟"欧佩克+"；⑤巩固"欧佩克+"，利用价格战迫使其他产油出口国顺从、美国页岩油生产自律。

5.3.1 削减产量保价策略

欧佩克减产保价能迅速支撑油价上涨,符合欧佩克的短期利益,但引发的非欧佩克产量增长则可能带来风险。削减产量保价,放任页岩油增产,即不考虑美国页岩油产量,不断减产让出市场份额,使油价稳定在90美元/桶左右;或者希望世界原油需求增长能消化美国增产的页岩油,原本出口到美国的原油转为中国、印度等国家的进口消费,不会造成欧佩克出口量下降,不需要在欧佩克成员国当中协调削减总产量。

削减产量保价策略能够成功并可持续的关键,在于世界新增原油需求能够抵消美国页岩油和非欧佩克原油出口国的增产量。对欧佩克而言,市场份额不下降是价格安全的必要前提,在市场份额上升的背景下,油价上涨是最安全的。最危险的情形则是世界原油总需求下降、非欧佩克原油出口国产量上升与原油进口国或地区原油产量上升三个关键变量叠加发生,这样会出现欧佩克不断减产但市场仍然供过于求的局面,高油价将不可持续,1980—1985年欧佩克减产保价失败验证了这一点。

削减产量往往主要由沙特阿拉伯、科威特、阿联酋三个欧佩克核心成员国承担,如果欧佩克削减10%的总产量(约350万桶/日),沙特阿拉伯、科威特、阿联酋大约要承担270万桶/日的减产量,约占三国出口量的20%,如果再进一步减产,则三国的出口损失更大,因此减产保价一般不是一个较好的策略,除非欧佩克产油国总减产量不到10%,并且出口量不再进一步下降。

5.3.2 大幅增产压低油价策略

美国页岩油成本在25~75美元/桶之间,完全清除页岩油意味着油价需要跌至25美元/桶以下,美国页岩油4亿吨的产量规模完全由欧佩克填补,过低的油价还会导致非欧佩克产油国原油产量下降,上游投资不足将引起原油产量进一步下降,这一部分原油产量下降的空间也需要由欧佩克填补,总计需要欧佩克增加 7 亿~8 亿吨的年产量,几乎相当于沙特阿拉伯、科威特、阿联酋三个欧佩克核心成员国的总年产量。扩充这么大的产能需要的资金高达上万亿美元,短时间内,这三个国家无法扩充这么大的产能,低油价情形下总收益不一定增加。可见,通过大幅增产压低油价,使油价跌至页岩油成本以下,从而清除美国页岩油这一策略不符合沙特阿拉伯、科威特、阿联酋三个欧佩克核心成员国的利益最大化诉求。

只有在美国页岩油产量增加到除供应美国国内需求外,还能大量出口以抢占欧佩克的国际市场份额时,欧佩克才有必要考虑扩充产能、增加产量,使油价达到 25~50 美元/桶,清除掉 1/3 以上的页岩油产量,使美国失去原油出口能力,从而维护欧佩克的市场份额。

5.3.3 稳产/小规模减产策略

当美国页岩油的产量规模接近使美国原油独立,又不至于大量出口抢占欧佩克的市场份额时,清除美国页岩油不符合沙特阿拉伯、科威特、阿联酋三个欧佩克核心成员国的利益最大化诉求,这三国此时只能选择与美国页岩油共存,使油价在美国页岩油成本 25~75 美元/桶之间变化,且比较接近 75 美元/桶的水平。稳定产量规模或小规模减产(5% 以内),依靠美国以外的其他国家的原油增长来填补原来美国的原油进口规模,维持 75 美元/桶的油价水平,对欧佩克来说是较好的选择。

5.3.4 组织更广泛的减产联盟"欧佩克 +"策略

"欧佩克 +"发端于 2014 年下半年的国际原油价格大跌,并在 2020 年国际原油市场受新冠病毒感染疫情史无前例的严重冲击中,得到了进一

第 5 章 美国页岩油产业的兴起与欧佩克的应对策略

步加强。2016 年 2 月 11 日,美国原油库存增加导致供应忧虑情绪进一步升温,油价再度遇挫,原油价格跌至 26.21 美元/桶,创下 13 年来的最低水平。同年 2 月 16 日,沙特阿拉伯、委内瑞拉、卡塔尔、俄罗斯达成共识:降低原油产量,冻结在 2016 年 1 月 11 日的水平,但"冻产协议"对油价的支撑作用较为短暂。2016 年 4 月 17 日,11 个欧佩克成员国与 7 个其他产油国在卡塔尔首都多哈举行会议,会议最终未能达成共识,原油多头大为失望,油价大跌。8 月 11 日,委内瑞拉总统表示,其已与沙特阿拉伯国王讨论了提振油价事宜,并且正在接触俄罗斯、伊朗和卡塔尔等其他产油国的首脑。油价崩跌给委内瑞拉带来了严重冲击。9 月 28 日,欧佩克成员国在阿尔及尔达成"冻产协议"以限制原油供应,这是 8 年以来首次达成"冻产协议"。10 月 11 日,欧佩克与非欧佩克产油国在伊斯坦布尔举行会面,但会议没有取得实质性进展。11 月 30 日,国际油价一度暴涨逾 8%,因欧佩克最终达成了 8 年来的首个"冻产协议",沙特阿拉伯接受了大幅减产提议,并同意伊朗将原油产量冻结在制裁前的水平。同时,各成员国油长的积极表态也进一步支持了市场的乐观情绪。12 月 12 日,欧佩克与非欧佩克产油国在维也纳达成了 2001 年以来的首个联合减产协议。非欧佩克产油国同意减产 55.8 万桶/日以配合欧佩克的减产行动,目前的市场关注焦点集中在协议的具体实施情况上。

欧佩克与非欧佩克产油国于 2016 年 12 月 10 日在欧佩克总部所在地奥地利首都维也纳举行第一次部长级会议,会议决定自 2017 年 1 月 1 日开始,欧佩克减产 120 万桶/日,俄罗斯、哈萨克斯坦等 11 个非欧佩克产油国减产 55.8 万桶/日,"欧佩克+"自此形成。由于其诞生的地点是维也纳,新闻界和研究界有时也称其为"维也纳集团"(Vienna Group),但目前已经基本不用这一名称。

2017 年 11 月 30 日,由 14 个国家组成的欧佩克和阿塞拜疆、巴林、文莱、哈萨克斯坦、马来西亚、墨西哥、阿曼、俄罗斯、苏丹、南苏丹 10 个非欧佩克产油国在维也纳签署"欧佩克和非欧佩克合作宣言"(Declaration of Cooperation OPEC and non-OPEC，DoC)（以下简称"合作宣言"），宣布"石油出口国需要共同合作，以实现石油市场的持久稳定，造福石油生产国和消费者"。这样，从法律上，24个世界主要石油生产国正式形成联盟。正式签署合作宣言的时间虽然是2017年11月30日，但在"欧佩克+"部长级会议的官方决议中，往往将达成合作宣言的时间说成是2016年12月10日，即举行第一次"欧佩克+"部长级会议的日期。

2019年7月2日，在第六次欧佩克与非欧佩克产油国部长级会议上，24个石油生产国签署了"石油生产国合作宪章"（Charter of Cooperation between Oil Producing Countries，CoC），宣称为了维护石油生产国、消费国和全球经济的共同利益，为了石油工业的可持续发展，要进一步加强合作。

从法律意义上，合作宣言是"欧佩克+"的基础，在每一次"欧佩克+"部长级会议决议的第一段，都会声明是基于合作宣言的原则。而对于"石油生产国合作宪章"，欧佩克一再强调它是交流对话的平台，而非决策机构，对所有的参加国来说，都没有承担某项特定行动的义务，并且对世界所有石油生产国开放。

近年来，欧佩克成员国时有变动，目前成员国数量为13个，加上10个非欧佩克产油国，"欧佩克+"的国家组成为23个。由于战乱等多方面的原因，13个欧佩克成员国中，利比亚、伊朗和委内瑞拉不参与减产行动，从2020年5月1日开始参与减产行动的"欧佩克+"国家实为20个。2020年6月6日，墨西哥能源部部长罗西奥·纳赫勒宣布，从2020年7月份开始，墨西哥退出"欧佩克+"的减产行动，目前，"欧佩克+"真正实施减产的国家有19个。

"欧佩克+"的减产计划至少能削减200万桶/日的原油产量，基本上消除了以往非欧佩克原油出口国与欧佩克的竞争，使欧佩克更有能力应对美国页岩油对油价的冲击，使国际油价高出没有"欧佩克+"情形下20美元/桶以上。

5.3.5 巩固"欧佩克+"策略

有了"欧佩克+"这一更广泛的减产联盟以后，欧佩克还面临属于"欧佩克+"内部但不属于欧佩克的产油国会不会服从欧佩克领袖沙特阿拉伯分配的产量配额约束，以及美国页岩油开足马力生产搭"欧佩克+"减产支撑油价便车两大问题。价格战是解决以上两个问题的有效手段，可以推动油价重新回到75美元/桶以上。

从2016年年初油价跌破30美元/桶，到年底"欧佩克+"首次达成减产协议，标志着"欧佩克+"正式形成，沙特阿拉伯等欧佩克成员国和俄罗斯等非欧佩克原油出口国达成共识，面对美国页岩油的巨大产出规模，仅依靠欧佩克无法抑制油价下滑，俄罗斯等非欧佩克产油国不能再像以往那样搭欧佩克控制产量支撑油价的便车，必须同欧佩克一起共同承担控制产量的责任，这样才能有效支撑油价，获得更多原油出口收入。

2020年3月，沙特阿拉伯和俄罗斯等国因减产份额引发的价格战产生了两方面的效果。一是俄罗斯等非欧佩克原油出口国必须接受沙特阿拉伯划分给"欧佩克+"成员国的减产份额，否则沙特阿拉伯可以通过价格战拖垮对方。2016年，沙特阿拉伯十多年来首次发起大规模借款，寻求60亿~80亿美元的五年期银行贷款，并保留提高借款额的权利，以填补由低油价造成的财政赤字。沙特阿拉伯国王称，已准备了488亿美元用于应对油价波动，并可能通过向国内或国外举债的方式融资以填补预算缺口。沙特阿拉伯还决定在2016年将国内成品油价格上调40%，并逐步将一些国有企业私有化，同时采取增值税、对烟草征税等措施。这些都表明，沙特阿拉伯已经准备好接受油价长期处于低位的挑战，以此继续向海外高成本竞争对手施压。二是美国页岩油企业开始自我约束，控制产量，优先考虑偿还债务和进行分红。低至20美元/桶的油价使美国页岩油企业心有余悸，担心低油价再次来临，之前的高油价预期被打破。页岩油企业不应该只搭乘"欧佩克+"减产支撑油价的便车，页岩油本身便是造成油价下跌的主要原因，野蛮增产将使油价进一步承压下跌，自我约束减产支撑油价，比增加产量压低油价获得的收益要多。

第6章　近期国际原油价格暴跌暴涨原因分析及应对

自2009年以来,由于压裂技术和水平井技术的成功应用,美国页岩油产量大幅增长,扭转了美国原油产量不断下滑的趋势,其原油产量从2008年的3.02亿吨,快速增长到2018年的6.69亿吨,增幅高达121.52%,其中页岩油产量接近4亿吨,美国成为世界第一大原油生产国(表6-1)。2019年9月,美国自1973年以来再次成为原油净出口国。据国际能源署预测,到2035年美国页岩油产量将达到约5.5亿吨/年,约占美国原油产量的2/3。页岩油革命使国际原油市场从沙特阿拉伯与俄罗斯两强主导演变为沙特阿拉伯、俄罗斯、美国三强鼎立。

表6-1　2008—2018年主要国家(组织)的原油产量　　单位:亿吨/年

国家(组织)	2008年	2009年	2010年	2011年	2012年	2013年	2014年	2015年	2016年	2017年	2018年	2008—2018年增产幅度(%)
美国	3.02	3.22	3.33	3.45	3.94	4.47	5.23	5.67	5.42	5.74	6.69	121.52
沙特阿拉伯	5.1	4.59	4.63	5.23	5.49	5.38	5.44	5.68	5.87	5.59	5.78	13.33
俄罗斯	4.94	5.01	5.12	5.19	5.27	5.32	5.35	5.42	5.56	5.54	5.63	13.97
欧佩克	17.96	16.74	17.09	17.46	18.22	17.70	17.64	18.30	18.86	18.74	18.54	3.20
非欧佩克产油国	22.02	22.24	22.68	22.62	22.98	23.59	24.59	25.25	24.82	25.06	26.20	18.98
全球	39.99	38.98	39.77	40.08	41.20	41.29	42.23	43.55	43.68	43.8	44.74	11.88

数据来源:《bp世界能源统计年鉴(2019)》。

新冠病毒感染疫情以来，国际原油市场剧烈波动，2020年4月20日，WTI原油合约收盘价为-37.63美元/桶，历史上首次收于负值，现货市场最低跌到10美元/桶，而短短一个月后，期货和现货均暴涨到30美元/桶以上。为何短期内油价会剧烈波动？沙特阿拉伯为何和俄罗斯打价格战？美国为何对低油价忧心忡忡？未来油价走势如何？中国将如何应对？本章将分析近期国际原油价格暴跌暴涨的原因，并提出应对措施。

6.1 国际原油价格暴跌的原因

6.1.1 新冠病毒感染疫情造成全球原油需求剧减

新冠病毒感染疫情造成全球经济大幅度下滑，失业率陡升，目前美国、俄罗斯、巴西、印度等国家疫情仍在蔓延，根据美国劳工部的最新数据，自2020年3月中旬疫情导致企业关停以来，美国申请失业救济金的人数累计达到4100万。2020年第一季度，中国GDP下降6.8%，欧盟GDP下降3.3%，2020年4月全球原油需求每日减少2900万桶，降至25年来的最低水平。

6.1.2 沙特阿拉伯对俄罗斯发动价格战

20世纪80年代，欧佩克有过一次失败的减产保价行动，加深了其对高油价下非欧佩克产油国增产能力、节能技术以及市场份额对巩固油价的重要性的认识。1979—1985年期间，由于伊朗革命和两伊战争，油价从1978年的14.6美元/桶暴涨到30美元/桶以上（表6-2）。突然高企的油价刺激了非欧佩克产油国石油产量的上升，也刺激了节能技术的进步和石油替代能源的使用,全球石油消费量从1979年的31.1亿吨一路下滑到1983年的27.7亿吨,一直到1984年才止住下滑的趋势,小幅恢复到28.3亿吨,1985年维持在28.3亿吨左右。1979—1985年,为了维持高油价,欧佩克下定决心减产,沙特阿拉伯从4.88亿吨减产到1.72亿吨,减产幅度高达64.75%,在欧佩克内部减产幅度最大,减产量也最大,同期欧佩克减产幅度高达47.76%,欧佩克的全球市场份额从接近2/3下滑到不足1/3(表6-3)。但国际原油市场仍然供过于求,油价仍处于下滑趋势,1984年油价跌破30.0美元/桶,1985年跌至28.0美元/桶,再减产下去,沙特阿拉伯将濒临没有原油可供出口的境地,欧佩克减产保价策略彻底失败。这次失败给欧佩克的启示是,如果欧佩克单独减产,市场份额大幅下降,那么减产保价很可能失败;如果能把俄罗斯等其他非欧佩克主要原油出口国拉进减产联盟,减产保价成功的可能性则可能显著增大。

表6-2 1976—1987年国际原油价格及全球原油消费量

年份	1976	1977	1978	1979	1980	1981	1982	1983	1984	1985	1986	1987
油价(美元/桶)	12.2	14.2	14.6	25.1	38.0	36.1	33.7	30.3	29.4	28.0	15.1	19.2
全球原油消费量(亿吨)	28.7	29.7	30.6	31.1	29.9	28.8	27.9	27.7	28.3	28.3	29.2	29.7

数据来源:《bp世界能源统计年鉴(2019)》,1976—1983年为公布的WTI原油价格,1984—1987年为WTI(库欣)现货价格。

表6-3 1979—1985年主要国家(组织)石油生产情况 单位:亿吨

国家(组织)	1979年	1980年	1981年	1982年	1983年	1984年	1985年	1979—1985年增产幅度(%)
沙特阿拉伯	4.88	5.10	5.06	3.40	2.40	2.19	1.72	-64.75
苏联	5.86	6.03	6.09	6.13	6.16	6.13	5.90	0.07
欧佩克	14.95	12.99	10.90	9.30	8.41	8.20	7.81	-47.76
非欧佩克产油国	17.43	17.92	18.23	18.68	19.21	19.96	20.10	15.32
全球	32.38	30.91	29.13	27.98	27.62	28.16	27.91	-13.80

数据来源:《bp世界能源统计年鉴(2019)》。

2012年以来美国页岩油产量快速增长，对国际原油价格形成压制，为了应对美国页岩油对油价的巨大冲击，由沙特阿拉伯主导的欧佩克坚持非欧佩克原油出口国特别是最大的原油出口国俄罗斯要一起承担减产责任，否则便采取增产压价措施。2016年年初，沙特阿拉伯增产后油价跌破30美元/桶，最终迫使俄罗斯、哈萨克斯坦、阿曼、阿塞拜疆、墨西哥等主要非欧佩克原油出口国参与了集体减产行动（表6-4）。2008—2015年，美国的全球原油市场份额从7.56%快速上升到13.01%，欧佩克的市场份额从44.92%下降到42.02%，但"欧佩克+"与欧佩克相比，市场份额从42.02%显著增长到70.20%（表6-5），新减产联盟的市场控制能力显著增强。在"欧佩克+"于2016年12月达成减产协议后，油价从2016年的43.3美元/桶回升到2017年的50.8美元/桶，2018年又上升到65.2美元（表6-6），有效地应对了美国页岩油增产造成的油价下滑。

表6-4　2016年"欧佩克+"23国减产协议概况　　单位：万桶/日

国家（组织）	减产量
沙特阿拉伯	50
伊拉克	20
阿联酋、科威特、卡塔尔	30
欧佩克其他国家	20
欧佩克合计	120
俄罗斯	30
其他非欧佩克原油出口国	30
非欧佩克合计	60
"欧佩克+"23国总计	180

数据来源：欧佩克2017年年度统计公报。

表6-5　2008—2018年主要国家（组织）原油市场份额比较　　单位：%

年份	美国	非欧佩克	欧佩克	欧佩克+俄罗斯	"欧佩克+"23国	沙特阿拉伯	俄罗斯
2008	7.56	55.08	44.92	57.28	73.20	12.75	12.36
2015	13.01	57.98	42.02	54.46	70.20	13.04	12.44

续表

年份	美国	非欧佩克	欧佩克	欧佩克+俄罗斯	"欧佩克+"23国	沙特阿拉伯	俄罗斯
2018	14.96	58.56	41.44	54.03	69.60	12.93	12.59

数据来源：根据《bp世界能源统计年鉴（2019）》计算。

表6-6　2001—2018年国际原油价格　　　单位：美元/桶

年份	2001	2002	2003	2004	2005	2006	2007	2008	2009
价格	25.9	26.2	31.1	41.5	56.6	66	72.2	100.1	61.9
年份	2010	2011	2012	2013	2014	2015	2016	2017	2018	
价格	79.4	95	94.1	98	93.3	48.7	43.3	50.8	65.2	

数据来源：《bp世界能源统计年鉴（2019）》，WTI（库欣）原油现货价格。

2020年，新冠病毒感染疫情造成原油需求剧减，全球原油严重供过于求，国际原油期货价格从50美元/桶上方一路跌破30美元/桶。有了20世纪80年代欧佩克独自减产保价失败以及2016年发动价格战逼迫俄罗斯加入减产联盟将油价成功稳住并回升的经验，沙特阿拉伯坚定地认为，减产保价战略必须有俄罗斯加盟，如果俄罗斯不同意减产，就通过增产压价抢占其市场份额来逼迫俄罗斯同意减产。

2020年3月初，以沙特阿拉伯为主导的欧佩克提议"欧佩克+"23国共同减产来支撑油价，俄罗斯一开始低估了新冠病毒感染疫情对油价的巨大冲击，或者出于以拒绝减产作为承担较少减产份额谈判筹码的原因，拒绝了沙特阿拉伯提出的减产协议，沙特阿拉伯马上通过增产压价来抢夺俄罗斯的市场份额，导致销往欧洲的原油价格低至10.25美元/桶，低于俄罗斯的原油开采成本，逼迫俄罗斯接受减产协议。沙特阿拉伯的增产造成国际原油价格崩盘，所有的原油储存设施储存满了原油，原油是易污染环境的化学品，必须存放在合格的容器内，不像钢材等物品那样易于堆放，4月中旬，大量计划于5月交割的WTI原油期货合约不计成本代价平仓离场，4月20日，WTI 5月合约以-37.63美元/桶收盘，历史上第一次出现负油价。

6.2 国际原油价格暴涨的原因

6.2.1 美国施压游说沙特阿拉伯和俄罗斯尽快达成减产协议

特朗普在2016年美国总统选举时提出美国制造业回流,获得了"蓝领工人"的支持。其上任以后,美国制造业就业岗位增加近50万个,而在奥巴马执政8年期间则减少了近20万个。2020年,除了应对新冠病毒感染疫情、重振经济外,美国页岩油产业能否救活首次成为影响美国总统选举走向的关键因素。

原油生产属于暴利行业,油价远高于传统陆上油田开采成本,大部分国家对开采原油征收暴利税。历史上,无论油价多低,石油公司的生存都不是问题,但高成本的页岩油除外,页岩油全行业濒临崩溃更是世界能源史上未曾有过的先例。页岩油产业蓬勃发展虽然给美国带来了能源独立、低油价和经济繁荣,但30~50美元/桶的高成本具有显著的脆弱性,一旦遭遇沙特阿拉伯大幅增产或突发事件导致需求剧降,使油价暴跌到30美元/桶以下,页岩油产业便会面临毁灭性打击。2020年第一季度,北美页岩油生产商合计亏损260亿美元,4月1日,惠廷石油公司成为首家申请破产的页岩油企业,目前已有近20家页岩油企业申请破产。另外,页岩油在美国境内分布于12个州的七大产油区[1],2020年3月产量约为900万桶/日,约占美国总产油量的70%,涉及近200万个就业岗位,页岩油产业的崩溃远超过一般经济危机对执政党(在任总统)的冲击(表6-7)。

---

[1] 杨国丰,周庆凡,卢雪梅. 页岩油勘探开发成本研究[J]. 中国石油勘探,2009,24(5): 576-588.

表6-7 美国总统选举与当年经济增速

年份	获胜 （选举人票数，支持率）	落选 （选举人票数，支持率）	当年经济增速 (%)
1928	胡佛 (444, 58.2%)	史密斯 (87, 40.8%)	1.10
1932	罗斯福 (472, 57.4%)	胡佛 （连任失败, 59, 39.7%）	-12.90
1936	罗斯福 （连任成功, 523, 60.8%）	兰登 (8, 38.0%)	12.90
1992	克林顿 (307, 43.0%)	老布什 (168, 37.5%)	3.52
1996	克林顿 （连任成功, 379, 49.2%）	多尔 (159, 40.7%)	3.77
2008	奥巴马 (365, 52.8%)	麦凯恩 （执政党落选, 173, 45.9%）	-0.30
2016	特朗普 (304, 46.4%)	希拉里 （执政党落选, 227, 47.9%）	1.57

数据来源：美国参议院。

在2016年美国总统选举选举人团投票中，特朗普获得304张选票，希拉里则获得227张选票，两者相差77张选票。在投票日上，特朗普获得306张选举人票，希拉里则为232张，两者相差74张。得克萨斯、宾夕法尼亚、俄亥俄、科罗拉多、新墨西哥5个"摇摆州"的支持率相差10%以内，特朗普在宾夕法尼亚州仅以1%的优势险胜希拉里，5个州合计90张选举人票（表6-8），特朗普在得克萨斯、宾夕法尼亚、俄亥俄三个州战胜希拉里，拿到76张选举人票。如果2020年特朗普不能救活美国页岩油产业，大量页岩油产业工人将面临失业，特朗普很可能会输掉2020年美国总统选举。❶

---

❶ 2021年1月7日，约瑟夫·拜登成为2020年美国总统选举的获胜者，并于2021年1月20日宣誓就任美国总统。此处的分析是为了介绍当时的历史背景，以说明美国总统高度关注减产协议达成的原因。

表6-8　2016年美国页岩油生产州选举情况（12个州共148张选举人票）

州		特朗普支持率（%）	希拉里支持率（%）	选举人票数
"摇摆"页岩油生产州，支持率差距不超过10%（5个州共90张选举人票）	得克萨斯州	53	43	38
	宾夕法尼亚州	49	48	20
	俄亥俄州	52	44	18
	科罗拉多州	45	48	9
	新墨西哥州	40	48	5
其他页岩油生产州	纽约州	38	59	29
	路易斯安那州	58	38	8
	俄克拉荷马州	65	29	7
	西弗吉尼亚州	69	27	5
	蒙大拿州	58	35	3
	北达科他州	64	28	3
	怀俄明州	70	23	3

数据来源：美国参议院。

特朗普想方设法地提升油价。他曾经批评沙特阿拉伯和俄罗斯操纵抬高油价的行为，现在反而向沙特阿拉伯和俄罗斯施压，要求其减少向市场大量供应原油，从而提高油价。美国曾表示，如果沙特阿拉伯不能达成减产协议，可能会对沙特阿拉伯的原油销售征收关税。在特朗普的牵线、施压以及游说下，沙特阿拉伯和俄罗斯达成了史上最大规模的减产协议。

达成减产协议仅是重要的第一步，为了确保在美国总统选举中赢得胜利，特朗普需要使油价尽快重返40美元/桶上方。如果疫情造成原油需求不能尽快恢复，在美国的推动下，"欧佩克+"23国很可能开启商讨新的规模更大的减产协议，或者延长减产协议实施期限以刺激油价进一步回升。

6.2.2 "欧佩克+"达成史上最大规模减产协议

俄罗斯比沙特阿拉伯更难承受低油价。20 世纪 80 年代苏联深受低油价危害,俄罗斯总统普京毫无疑问比沙特阿拉伯王储和美国总统对此更印象深刻。1974—1978 年油价为 11~14 美元/桶;1979 年伊朗革命爆发后,油价暴涨到 30 美元/桶以上;1979—1985 年油价分别为 31.6 美元/桶、36.8 美元/桶、35.9 美元/桶、33.0 美元/桶、29.6 美元/桶、28.8 美元/桶、27.6 美元/桶,当时苏联 2/3 左右的外汇收入依靠原油出口❶,用出口外汇换回大量食品,是世界原油出口国和头号粮食进口国。1986 年油价暴跌,1986—1989 年油价分别为 14.4 美元/桶、18.4 美元/桶、14.9 美元/桶、18.2 美元/桶,原油外汇收入剧降,而油价下跌通常叠加武器出口收入下降、经济停滞、人民生活水平下降,同期改革也不易成功,内忧外困。2014—2019 年俄罗斯 GDP 增速分别为 0.7%、-2.13%、0.33%、1.63%、2.25%、1.30%,经济仍然低迷,占美国 GDP 的比重从 2013 年的 13.7%降到 2019 年的 7.9%,2020 年以来卢布兑换美元已贬值近 20%。普京面临沉重的促进经济发展和提高人民生活水平的压力,2018 年其支持率一度超过 80%,如今却在 65%左右徘徊。俄罗斯财政部在 2020 年 3 月表态,俄方达成财政平衡所需要的油价是 42 美元/桶。俄罗斯央行公布的数据显示,该国 2020 年 3 月末的外汇储备余额为 4436.34 亿美元,较上月减少 70 亿美元,是 2018 年 10 月以来首次下跌。随着新冠病毒感染疫情的加重,形势变得更加严峻。

沙特阿拉伯希望"欧佩克+"23 国等比例减产原油,以实现其自身利益最大化,但俄罗斯不希望这样;俄罗斯则希望承担比沙特阿拉伯低的减

---

❶ 崔日明. 石油价格暴跌对苏联经济的影响 [J]. 辽宁大学学报(哲学社会科学版),1986(4):35-36.

产份额，类似于2016年的非等比例减产，使其自身利益实现最大化，但沙特阿拉伯不希望这样。经过博弈，俄罗斯退一步接受了和沙特阿拉伯以同等份额减产，沙特阿拉伯退一步与科威特、阿联酋一起承担临时的额外约118万桶/日的减产量，沙特阿拉伯与俄罗斯共同实现了博弈的次优结果（表6-9）。"欧佩克+"23国达成减产970万桶/日的协议（表6-10），有力地支持了国际原油价格的恢复，目前欧佩克一揽子原油价格和WTI原油价格已快速恢复到35美元/桶左右。

表6-9 "欧佩克+"23国不同减产方案下沙特阿拉伯与俄罗斯相对收益比较

方案	通过概率	沙特阿拉伯相对收益	俄罗斯相对收益
"欧佩克+"23国等比例减产	低，墨西哥拒绝；俄罗斯强烈反对	最大（和俄罗斯等量减产，成本低于俄罗斯）	较小
"欧佩克+"23国名义上等比例减产，欧佩克核心成员国（沙特阿拉伯、科威特、阿联酋）额外减产118万桶/日，视市场需求恢复情况减少或取消额外减产量，容忍个别国家（如墨西哥）象征性减产	高，该方案实际通过	较大（开始阶段承担比俄罗斯高的减产量，在需求恢复的阶段，有权力减少或取消额外减产量从而增加产量，同时俄罗斯不能增产）	较大
"欧佩克+"23国非等比例减产，富裕的、产量较高的欧佩克核心成员国（沙特阿拉伯、科威特、阿联酋）承担较高的减产量	较低，欧佩克核心成员国（沙特阿拉伯、科威特、阿联酋）相对收益最小，欧佩克边缘成员国、非欧佩克原油出口国欢迎	较小（沙特阿拉伯承担的减产量始终高于俄罗斯）	最大

表6-10 "欧佩克+"970万桶/日减产协议分配

单位：1000桶/日

国家（地区）	基准	减产量	减产后产量	国家（地区）	基准	减产量	减产后产量
沙特阿拉伯	11000	2508	8492	俄罗斯	11000	2508	8492
伊拉克	4653	1061	3592	墨西哥	1781	100	1681

续表

国家（地区）	基准	减产量	减产后产量	国家（地区）	基准	减产量	减产后产量
阿联酋	3168	722	2446	哈萨克斯坦	1709	390	1319
科威特	2809	641	2168	阿曼	883	201	682
尼日利亚	1829	417	1412	阿塞拜疆	718	164	554
安哥拉	1527	348	1179	马来西亚	595	136	459
阿尔及利亚	1057	241	816	巴林	205	47	158
刚果（布）	325	74	251	南苏丹	130	30	100
加蓬	187	43	144	文莱	102	23	79
赤道几内亚	127	29	98	苏丹	75	17	58
欧佩克合计	26682	6084	20598	非欧佩克合计	17198	3616	13582

注：沙特阿拉伯、阿联酋、科威特分别额外减产100万桶/日、10万桶/日、8万桶/日。

数据来源：根据欧佩克年度统计公报相关数据整理。

沙特阿拉伯和俄罗斯博弈过程模拟分析如下：

第一轮博弈：俄罗斯不愿减产，沙特阿拉伯出击逼迫俄罗斯。沙特阿拉伯增产200万桶/日并压低原油现货价格倾销，抢占俄罗斯的欧洲市场份额，沙特阿拉伯的原油产量为1300万桶/日，出口量为950万桶/日；俄罗斯不减产，其原油产量维持1100万桶/日，但200万桶/日的市场份额被沙特阿拉伯抢占，相当于俄罗斯的原油出口量下降为600万桶/日。油价按10美元/桶计算，沙特阿拉伯原油出口收入为0.95亿美元/日，俄罗斯原油出口收入为0.60亿美元/日。"价格战"前油价约为40美元/桶，沙特阿拉伯原油出口收入约为3.0亿美元/日，俄罗斯原油出口收入约为3.2亿美元/日。"价格战"使沙特阿拉伯的原油出口收入损失约2.05亿美元/日，俄罗斯的原油出口收入损失约2.60亿美元/日，俄罗斯比沙特阿拉伯损失更大。

第二轮博弈：沙特阿拉伯提出减产方案。沙特阿拉伯和俄罗斯都减产250万桶/日，产量都是850万桶/日，沙特阿拉伯的原油出口量为500万桶/日，俄罗斯的原油出口量为550万桶/日，油价按30美元/桶计算，沙特阿拉伯原油出口收入为1.50亿美元/日，俄罗斯原油出口收入为1.65亿美元/日，沙特阿拉伯的收益最大化，俄罗斯拒绝。

第三轮博弈：俄罗斯提出减产方案。沙特阿拉伯减产 350 万桶/日，原油产量为 750 万桶/日，出口量为 400 万桶/日；俄罗斯减产 150 万桶/日，原油产量为 950 万桶/日，出口量为 650 万桶/日。油价按 30 美元/桶计算，沙特阿拉伯原油出口收入为 1.20 亿美元/日，俄罗斯原油出口收入为 1.95 亿美元/日，俄罗斯收益最大，沙特阿拉伯拒绝。

第四轮博弈：沙特阿拉伯、俄罗斯双方协商，俄罗斯按 250 万桶/日减产，沙特阿拉伯暂时按 350 万桶/日减产，视市场需求恢复情况，在 250 万~350 万桶/日范围内调节减产量。油价按 30 美元/桶计算，沙特阿拉伯原油出口收入为 1.20 亿~1.50 亿美元/日，俄罗斯原油出口收入为 1.65 亿美元/日，双方均达到次优结果（表 6-11）。

表 6-11　沙特阿拉伯与俄罗斯减产博弈收益分析

（两国减产总量为 500 万~600 万桶/日）

减产量		俄罗斯			
		不减产（被动减产 200 万桶/日）	减产 150 万桶/日	减产 250 万桶/日	减产 250 万桶/日
沙特阿拉伯	增产 200 万桶/日，倾销	沙特阿拉伯 0.95 亿美元/日，俄罗斯 0.60 亿美元/日			
	减产 350 万桶/日		沙特阿拉伯 1.20 亿美元/日，俄罗斯 1.95 亿美元/日		
	减产 250 万~350 万桶/日			沙特阿拉伯 1.20 亿~1.50 亿美元/日，俄罗斯 1.65 亿美元/日	
	减产 250 万桶/日				沙特阿拉伯 1.50 亿美元/日，俄罗斯 1.65 亿美元/日

数据来源：根据欧佩克年度统计公报相关数据整理。

根据2020年3—4月沙特阿拉伯和俄罗斯双方博弈情况得出：第一，如果沙特阿拉伯或者俄罗斯一方收益最大化，另一方很可能会拒绝。第二，沙特阿拉伯拥有200万桶/日的剩余产能，是逼迫俄罗斯同意双方获得次优收益的致命武器，极端情况下，若沙特阿拉伯增产200万桶/日，原油出口收益为0.95亿美元/日，沙特阿拉伯生产原油成本不到10美元/桶，仍有利润；表面上，俄罗斯的原油出口收益为0.6亿美元/日，但其原油生产成本超过10美元/桶，生产经营难以为继，俄罗斯相对沙特阿拉伯在谈判中处于被动，沙特阿拉伯拥有主动权。第三，双方均达到次优收益，最容易达成协议。

对沙特阿拉伯而言，970万桶/日的减产协议存在四个主要挑战：一是新冠病毒感染疫情背景下全球原油需求恢复状况；二是油价重返40美元/桶后美国页岩油产量状况；三是俄罗斯对与沙特阿拉伯等比例减产协议是否始终满意；四是其他"欧佩克+"产油国减产执行状况。前两点是"欧佩克+"以外的问题，后两点属于"欧佩克+"内部的博弈问题。沙特阿拉伯在2020年5月初宣布：6月额外减产100万桶/日，额外减产的安排能较好地应对后两个问题。6月8日，沙特阿拉伯表示不打算将额外减产100万桶/日的措施延长到7月，引起了俄罗斯的紧张。6月沙特阿拉伯额外减产100万桶/日，俄罗斯等其他"欧佩克+"产油国都尝到了油价额外溢价的甜头。沙特阿拉伯提出取消额外减产，溢价甜头便会消失。如果是固定减产协议，沙特阿拉伯必须遵守，调整产量需要同其他"欧佩克+"产油国商讨。每轮商讨都充满博弈，不一定谈得拢，固定减产协议约束了沙特阿拉伯的行为，削弱了沙特阿拉伯作为"欧佩克+"主导国掌控"欧佩克+"以及调节油价的权力。而额外减产使沙特阿拉伯拥有了主动权和机动权，对于100万桶/日的额外减产，沙特阿拉伯有权力延长、减少甚至终止，不受约束，俄罗斯等其他"欧佩克+"产油国迫切希望沙特阿拉伯继续执行额外减产。凭借100万桶/日的额外减产安排，沙特阿拉伯从依赖其他"欧佩克+"产油国认同、遵守减产配额的被动地位，转变为其他产油国自觉主动认同、遵守减产配额，并希望沙特阿拉伯保持额外减产的主动地位。

6.2.3 美国页岩油产量快速衰减

在新冠病毒感染疫情暴发和原油价格战的双重冲击下，油价跌破页岩油成本，美国原油产量大幅度下滑，众多页岩油公司濒临破产。根据美国能源局的数据，2020年3月13日，美国原油钻机数量为683部，5月15日，美国原油钻机数量减少为258部，呈断崖式下跌，降幅高达62.23%。3月13日，美国原油产量为创高位纪录的1310万桶/日，5月8日，美国原油产量下降至1160万桶/日，在截至5月22日的一周，美国日均原油产量为1140万桶。在供给端，美国页岩油产量下降170万桶/日，占"欧佩克+"以外国家原油减产量的近一半，美国页岩油产量的快速下降对油价的恢复起到了仅次于"欧佩克+"减产协议的作用。

6.2.4 全球原油需求处于恢复趋势

2020年5月，中国原油消费量已接近新冠病毒感染疫情前的13百万桶/日。美国、欧洲国家逐步解除疫情管制，原油需求开始逐渐恢复。据国际能源署统计，2020年5月全球原油需求下降8.6百万桶/日，低于4月预计下降的9.3百万桶/日。据欧佩克预计，2020年第二季度全球原油消费量为81.30百万桶/日，到第三季度恢复到92.28百万桶/日，到第四季度恢复到96.30百万桶/日，接近2019年第四季度100.79百万桶/日的水平。中国、美国、英国等国家的新冠病毒疫苗和特效药的研制取得可喜进展，国际原油市场的多方信心正在逐渐恢复。

6.3 未来油价展望

新冠病毒感染疫情结束后,原油价格将恢复到 50 美元/桶以上。尽管美国页岩油革命是继 20 世纪 70 年代末 80 年代初市场对欧佩克的又一次重大冲击,在油价位于 50~100 美元/桶的中高价位上,美国页岩油不断取得技术突破,成本从 70 美元/桶下降到 30~50 美元/桶,年产量达到 4 亿吨左右,国际原油市场形成了"欧佩克+"减产应对美国增产的局面。[1] 但美国页岩油大致还有 2 亿吨/年的增产潜力,当以中国、印度为主的发展中国家的新增原油需求消耗掉这 2 亿吨/年的潜在增产空间后,原油价格仍然有望恢复到 100 美元/桶,"欧佩克+"的市场份额和价格控制能力都将提升。短期内油价主要取决于供给端"欧佩克+"的减产力度以及疫情下全球原油需求的恢复状况。

2018 年,美国 3.2 亿人口消费原油 8.90 亿吨,日本 1.25 亿人口消费原油 1.76 亿吨,中国 14 亿人口消费原油 6.28 亿吨,印度 13.2 亿人口消费原油 2.37 亿吨,中国的原油需求还有不小的增长空间,印度等发展中国家的增长空间更大。中小型汽车汽油消费大约占全球原油消费的 20%,飞机、船舶、货车、工程机械、军事装备、农用设备等都需要消费由原油加工而成的成品油。中小型汽车电动化减少的原油需求抵消不了发展中国家经济发展带来的原油需求增长,因此,中长期而言对低油价应谨慎看待。

在低碳时代,全球原油需求增长放缓,中长期对原油需求下降的普遍认识将使原油开发生产投入大幅度减少,无论是出口国还是进口国,普遍缺乏增加原油产能投入的动力,原油公司更加偏好只实施短期就能产出的项目,甚至拒绝勘探新储量,这已成为世界油气行业新常态,近年新增储

---

[1] 富景筠. 俄罗斯与欧佩克:竞争与合作的复杂关系 [J]. 当代世界,2019 (8):62-67.

量增速降至历史最低水平,世界将面临油气严重缺口风险。为了维持当前原油开采水平至2040年,全球油气领域投资须达到17万亿美元,约为能源投资总额的1/3。2035年之前很可能由于投资不足造成原油供应阶段性短缺,市场处于库存持续下降、略微供不应求的紧张平衡状态;2035年之后的一段时期,也可能出现供应能力的下降速度快于需求下降速度,国际原油市场处于原油总需求下降趋势中的供不应求状态。

原油作为重要化工原料,随着世界经济的发展,对其需求仍将缓慢增长,由于需求的恢复,以及"欧佩克+"的一致行动控制产量,加之低碳转型期全球面临能源紧张形势,预计2023年国际原油价格为80~120美元/桶。到2035年,油价将可能维持在90~200美元/桶的中高位水平;2035年原油总需求达峰逐步下降后,油价可能开始回落。

6.4 近期油价影响因素及应对建议

由上述可知,近期油价影响因素如下:

(1)沙特阿拉伯坚定地认为,原油减产协议必须有俄罗斯的参与才能达到较好的效果,发动"价格战"是逼迫俄罗斯同意减产的有效武器。美国和俄罗斯领导人比沙特阿拉伯更害怕低油价,通过"价格战",沙特阿拉伯显示了其在国际原油市场上的巨大权力。

(2)页岩油产业分布在美国的12个州,涉及约200万就业人口,低油价导致的页岩油产业危机首次成为影响美国总统选举的重要因素,美国在任总统不希望油价过低,导致页岩油产业工人失业,从而影响选举。低油价甚至可能引发美国挑起刺激油价上涨的中东不稳定事件,如美国和伊朗发生摩擦冲突。

(3)美国与"欧佩克+"的关系从竞争转变为既竞争也合作,油价高于页岩油成本时是竞争关系,油价低于页岩油成本时则迅速开展合作。

第6章　近期国际原油价格暴跌暴涨原因分析及应对

（4）当油价低于页岩油成本时，美国页岩油产量便会快速下降，近200万桶/日的减产对油价形成了显著的支撑作用，加上"欧佩克+"970万桶/日的巨额减产，原油供给过剩局面马上逆转，油价很快从10美元/桶暴涨到35美元/桶。短期内油价主要取决于供给端"欧佩克+"的减产力度，以及新冠病毒感染疫情下的全球原油需求恢复状况。

笔者认为，应采取以下应对措施：

（1）低油价并非常态。页岩油产量的较大供给弹性使国际油价较大幅度地偏离页岩油成本（30~50美元/桶）的局面难以持续。当油价高于页岩油成本时，美国与"欧佩克+"是竞争关系。短期内，美国页岩油使国际油价向页岩油成本（30~50美元/桶）靠拢，抑制了油价上涨。当油价低于页岩油成本时，美国与"欧佩克+"则倾向于合作，支持油价恢复。我国企业应抓住目前短暂的低油价时机，收购海外原油资产，尽可能多地签订长期原油购买合同。国内原油勘探开发力度不宜减弱，2020年中国原油对外依存度已高达72%，2035年之前中国日益攀升的原油对外依存度会进一步推高油价。

（2）中长期仍要做好应对中高油价的准备。"欧佩克+"一致行动能力的增强，"沙俄美"的合作，史上最大规模减产协议的达成，油价从暴跌至暴涨，表明"欧佩克+"仍具有较强的市场控制能力。在美国页岩油产量增加遭遇瓶颈之际，新能源技术未能抵消中国、印度等新兴大国的原油新增需求之时，国际油价有可能重返中高位。我国应坚定不移地推广电动汽车、天然气货车、氢燃料汽车、甲醇汽车等新能源汽车，鼓励电动汽车、天然气货车、氢燃料汽车等技术研发，完善充电桩、加气站布局，适度推广乙醇汽油，维持现行成品油价格政策。

（3）扩大原油储备规模。2020年，我国进口原油突破5亿吨，原油对外依存度高达72%，需求仍在增长，陆上油田增产乏力，原油对外依存度将持续攀升，应迅速扩大战略原油储备规模，同时鼓励提升商业原油储备能力。

（4）鼓励各类企业加大开采页岩油力度。局部地区采取放宽准入、财税优惠、基金扶持、价格补贴等方式鼓励各类企业开采页岩油，也可引进国外页岩油企业，不一定大规模开采，但技术上要有所突破，有需要时要具备开采能力，以抑制原油价格上涨，保障能源安全。

（5）油气公司要抓住2035年前油价处于中高水平的有利时机，做好转型准备，做好新能源生产、储存等。

（6）"欧佩克+"国家在2035年之前将获得较高的油气出口收益，这为我国资本市场和能源化工市场同部分"欧佩克+"国家开展进一步合作创造了契机。

（7）当前直至2035年，由于低碳转型期能源短缺导致原油、天然气价格处于高位，将传导至原材料、基础材料、农业等领域，全球将面临较大通胀压力，宏观经济政策应未雨绸缪，做好准备应对通胀。

第7章 原油供应安全应对

7.1 美国石油安全战略

美国于1953年首次成为原油净进口国，1972年超过日本成为世界第一大原油净进口国，历来高度重视石油安全保障。早在20世纪40年代，美国就开始谋划建立战略石油储备来保障石油供应，20世纪70年代的石油危机促使美国通过一系列举措来保障石油供应安全。

一是建立战略石油储备。美国的石油储备分为资源储备、政府战略储备以及商业储备（民间储备），石油储备量相当于约158天的原油净进口量。其中，民间储备以商业储备的形式存在，政府战略储备仅占全国储备的1/3，远远低于商业储备。目前，美国的政府战略储备由联邦政府所有，建设石油储库、采购石油、日常运作等费用均由联邦财政支付。商业储备完全是市场化运作模式，政府不会干预企业的储备和投放活动，主要通过公布石油供应、需求方面的信息来引导企业，采取免除进口关税、进口许可费等政策，鼓励企业增加石油储备；企业会根据市场供求和自身实力决定石油储备量和投放时机。美国南部墨西哥湾沿海地区拥有丰富的战略石油储备，并且石油工业相对发达，是美国石油的战略要地之一。这是因为，一旦美国的海外原油来源发生严重中断，平时静静地沉睡在地下的优质原油，将在"替补"进口原油方面起到至关重要的作用。美国的战略石油储备全部集中在得克萨斯和路易斯安那两个州沿海地区的一些石油储备点。选择这些地点主要是出于以下几个方面的考虑：一是安全性高；二是运输方便；三是加工方便；四是储藏成本低。1976年，美国在这两个地区兴建了五个储油点：布莱恩芒德、大希尔、西哈克伯里、贝尤查克托、威克斯岛，设计总储存容量为7.5亿桶，到1991年全部完成施工建设。

二是通过军事外交手段保障石油安全。美国是当今世界唯一的超级大国，拥有全球最强大的军事力量，其在掌握石油供应的同时，对世界石油运输通道也拥有绝对的控制力。目前，世界一些主要石油运输通道都在美国军事力量的直接或者间接控制之下。早在1999年，美国能源部就列出了六大"世界石油运输咽喉"，即霍尔木兹海峡、马六甲海峡、苏伊士运河、巴拿马运河、曼德海峡、博斯普鲁斯海峡，这六大咽喉通道的石油运输总量超过世界运输总量的40%。美国凭借其巨大的海军军力及威慑力，控制着海上石油通道。近年来，美国在中东、西非、东南亚的一系列战略举措，多数与控制石油输送通道的战略意图相关。

三是通过科技创新降低石油对外依存度来保障石油安全。在奥巴马政府石油政策的蓝本——《美国新石油》报告中，指出了"新石油"的政策要义：大力发展"新石油"，结束美国对石油进口的高度依赖，实现石油独立，应对全球气候危机，并创造就业岗位。概括起来，奥巴马的"新石油"安全战略主要包括以下四个方面：第一，在石油安全战略转型方面，制定一个国家性的低碳燃料标准，投入1500亿美元资助替代石油能源研究，并为相关公司提供税务优惠。其中，太阳能、风能等将获得更多的政府资助。第二，在传统石油电力领域，政府为美国家庭提供短期退税，优先减少天然气管道，缓解对中东地区石油的过分依赖，积极发展智能超导电网产业，争取实现部分"新石油"（太阳能、风能、地热能）的统一入网管理。第三，政府和企业大力投资一些"新石油"技术，如混合动力汽车、电动汽车等，减少石油消费，力争在2050年实现二氧化碳减排80%；推进节能技术发展，每年为100万户家庭提供住房节能改造服务。第四，大力发展风能、水电、太阳能、核能等清洁能源；对混合电动汽车、风能、太阳能等提供资金投入，对乡村的清洁石油产业提供一定的信贷支持；向"新石油"项目投放低利率贷款，激励更多的投资者在页岩油等新石油领域发展（陈孝俊，2012）。

7.2 中国石油安全形势

原油是总体国家安全观中资源安全领域最重要的一项内容，是国民经济发展的血液。1993年中国首次成为原油净进口国，随着经济发展，汽车不断普及，2020年全国机动车保有量达到3.72亿辆，已接近美国的机动车保有量，2020年中国消费原油6.69亿吨，其中进口5.42亿吨，同比增长7.3%，原油对外依存度高达72%（图7-1），进口金额为12217.6亿元。目前我国是世界第二大原油消费国和世界第一大原油进口国，并且原油进口量仍然未达到峰值。据国际能源署的最新预测，到2030年，中国天然气消费量将增长到4540亿立方米，原油消费量将增长到1570万桶/日，约7.9亿吨。

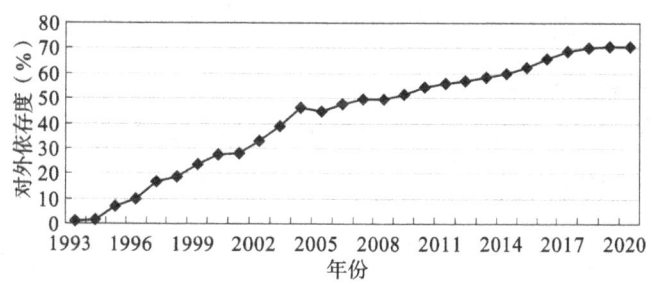

图7-1　1993—2020年中国原油对外依存度
数据来源：根据《bp世界能源统计年鉴（2021）》计算。

海关总署统计数据显示，2021年1～12月，中国原油进口量为51297.8万吨，与2020年同期相比减少5.4%。过去的一年，导致中国的原油进口同比出现下滑的原因是多方面的。"2020年国内原油进口量刷新历史纪录，导致国内资源充裕，库存与港口压力显现。2021年以来，国际油价破位上涨，导致进口原油的成本大幅度走高，因此抑制了部分进口需求。"金联创原油分析师韩正己表示，自 2021 年 4 月份起，我国政府整治地炼规范使用进口原油，并一再削减了地炼原油的进口配额，导致地炼原油进口量下滑。从中国原油进口来源国分布来看，2021 年排名前十位的依次是沙特阿拉伯、俄罗斯、伊拉克、阿曼、安哥拉、阿联酋、巴西、科威特、马来西亚、挪威。❶

我国原油供应安全形势仍然严峻，主要存在对外依存度高、进口来源过于依赖中东、运输通道过于依赖波斯湾和马六甲海峡、原油战略储备规模小、非常规石油开采技术水平不高、本土原油产能不足等主要问题。

7.3 扩大原油战略储备

原油战略储备是美国于 1975 年首创的应对原油供应中断或者油价过高问题的有效手段，能够有效应对原油供应中断恐慌，低吸高抛，平抑一部分油价，维护经济安全。美国的原油战略储备约为 7.1 亿桶，在其原油进口对外依存度最高的 2007 年，相当于 53 天的净进口量。加上企业储备，美国总原油储备相当于全国 150 天左右的消费量。

早在 2008 年，中国就已经深刻认识到建立战略石油储备的重要性，按照国际能源署的 90 天进口消费量的世界通用储备标准，前瞻性地制定了《国家石油储备中长期规划（2008—2020 年）》，用 15 年时间分三期完成了国家石油储备基地建设。第一期为 1640 万立方米，建成时间为 2008 年；第二期为 2680 万立方米，建成时间为 2015 年末；第三期为 2680 万立方米，建成时间为 2020 年年底。总库容约为 7000 万立方米，相应储备能力为 6000 万吨。❷

---

❶ 中国能源进口量涨跌不一 [EB/OL]. [2022-02-14]. http://www.xinhuanet.com/energy/20220214/d97e338f2e2244c283fcb1e86bbd0ac6/c.html.

❷ 赛迪智库丨国际油价超跌，中国增加石油储备现"窗口期" [EB/OL]. [2020-09-21]. https://www.sohu.com/a/419799096_260616.

从 2008 年起，我国开始正式建设石油储备基地，经过十余年的建设，目前基本建成 12 个石油储备基地：天津、鄯善、舟山、黄岛（地面和洞库）、独山子、镇海、惠州、大连、兰州、锦州（洞库）、金坛、湛江，当前总库容约为 6000 万立方米（含在建部分库容），加上其他商业企业的储备能力，到 2020 年年底，对应储备能力已超过 6000 万吨。但是，由于中国原油需求的快速增长，以 2020 年原油进口量计算，当前 90 天的储备量约为 13000 万吨，储备缺口高达 5800 万吨，与当前 90 天的进口消费量的目标还有一定差距，已不能匹配当前的原油供应安全要求。未来还需扩大当前已建储备规模的一倍左右（假定国内原油产量基本不变，并且原油总消费需求基本不变）。❶

7.4 加快页岩油开发

自 2008 年前后美国开展页岩油革命，并在水平井、压裂技术上取得重大突破以来，美国页岩油产量迅猛增长，2017 年美国原油产量达到 5.7 亿吨，超过沙特阿拉伯、俄罗斯，成为世界上最大的原油生产国（表 7-1）。到新冠病毒感染疫情暴发前的 2019 年，其页岩油产量高达 4.5 亿吨，2008—2019 年，美国原油产量从 3.0 亿吨猛增到 7.5 亿吨，增幅高达 150.0%，2013 年美国还曾是世界上最大的原油进口国，2019 年 9 月美国首次实现月度原油净出口。页岩油革命改变了国际原油市场格局，最大的原油进口国由美国变为中国，页岩油产量的快速增加使国际原油市场供应相对过剩，国际原油价格多年未超过 100 美元/桶（图 7-2）。据国际能源署预测，到 2035 年，美国页岩油产量将达到约 5.5 亿吨/年。

---

❶ 何鸿. 探析新冠疫情下史上最大规模原油减产协议达成原因：基于利益相关方博弈过程的分析 [J]. 价格理论与实践，2020（6）：21-24.

表 7-1　2008—2020 年主要国家（组织）原油产量

单位：亿吨

国家（组织）	2008年	2009年	2010年	2011年	2012年	2013年	2014年	2015年	2016年	2017年	2018年	2019年	2020年
美国	3.0	3.2	3.3	3.5	3.9	4.5	5.2	5.7	5.4	5.7	6.7	7.5	7.1
沙特阿拉伯	5.1	4.6	4.6	5.2	5.5	5.4	5.4	5.7	5.9	5.6	5.8	5.6	5.2
俄罗斯	4.9	5.0	5.1	5.2	5.3	5.3	5.4	5.4	5.6	5.5	5.6	5.7	5.2
欧佩克	18.0	16.7	17.1	17.5	18.2	17.7	17.6	18.3	18.9	18.7	18.5	16.8	14.7
非欧佩克产油国	22.0	22.2	22.7	22.6	23.0	23.6	24.6	25.3	24.8	25.1	26.2	28.0	26.9
全球	40.0	39.0	39.8	40.1	41.2	41.3	42.2	43.6	43.7	43.8	44.7	44.8	41.7

数据来源：《bp 世界能源统计年鉴（2021）》。

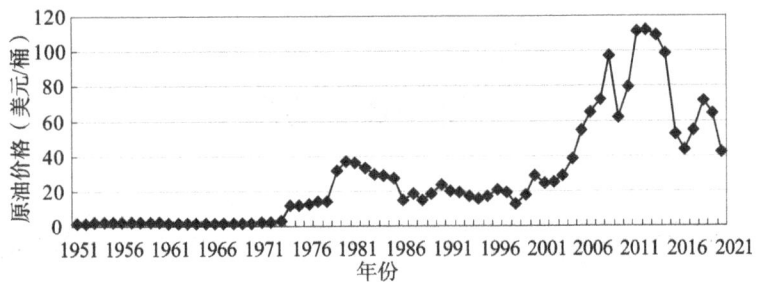

图 7-2　1951—2020 年国际原油价格

数据来源：《bp 世界能源统计年鉴（2021）》，WTI（库欣）原油价格。

近年来，我国在渤海湾、松辽、鄂尔多斯、准噶尔、柴达木、四川等盆地均取得新突破、新发现，初步估计我国陆相页岩油资源量约为 1500 亿吨，可采资源量为 30 亿~60 亿吨，页岩油资源规模可观、开发潜力巨大。❶ 但由于我国页岩油开发正处于基础理论攻关和规模经济性开发试验阶段，扩大资源发现规模、实施开发生产存在前期投入资金高、风险高、技术难度高的"三高"特点，经济有效开发难度大，因此必须加大页岩油

---

❶ 过国忠. 页岩油开采量产有多难，该从哪些方面突破？[EB/OL]. [2021-03-02]. https://baijiahao.baidu.com/s?id=1693125264896605729&wfr=spider&for=pc.

勘探开发力度，进一步提高国内油气自给能力。笔者认为，可以采取以下举措加快我国页岩油的开发利用：一是实施页岩油开发财政补贴政策，出台鼓励支持页岩油勘探开发的补贴、税收减免政策；二是给予页岩油开发资源税优惠政策，根据《中华人民共和国资源税法》的规定，对低丰度、三次采油、深水油气田及稠油、高凝油实行不同程度的资源税减征政策，页岩气资源税减征30%，建议将页岩油纳入减征范围，鼓励企业加大勘探开发力度；三是鼓励社会资本和外资开发页岩油；四是在资本市场鼓励页岩油企业发债、科创板上市；五是国家开发银行给予页岩油开发项目贷款扶持和利率优惠。

7.5　加快开发南海石油资源

根据第三次全国油气资源评价结果（2008年）：我国海洋石油资源量为246亿吨，占全国石油资源总量的23%，海洋天然气资源量为16万亿立方米，占总量的30%。而当时我国海洋石油探明程度仅为12%，海洋天然气探明程度为11%，远低于世界平均水平。[1]

过去，受我国海洋石油开发技术装备手段和主权争议的双重影响，石油开发进展缓慢，开发作业基本集中于南海北部湾靠近大陆架的浅水区域，如北部近海的莺歌海盆地、北部湾盆地、珠江口盆地及琼东南盆地，作业海域都在300米水深以内。在北纬17°以南的南海海域，我国尚没有油气开发活动。近年来，随着技术装备手段的快速进步，我国也加快了南海油气开发的速度，相继发现了荔湾3-1、流花34-2、流花29-1等大

---

[1] 院士观点：中国海洋油气勘探开发迎来大好时机！[EB/OL]. [2022-07-22]. https://finance.ifeng.com/c/8HpJERfN17z.

型深水大气田，地质储量均在千亿立方米以上。❶ 2012年5月9日，中国首座自主设计、建造的第六代深水半潜式钻井平台"海洋石油981"在南海顺利开钻，使中国成为第一个在南海自营勘探开发深海油气资源的国家。❷

我国本土传统油田增产乏力，未来本土油气资源将更多地依赖海洋油气资源，南海是我国未来油气储量增长最有潜力的地区之一。开发南海油气资源对于保障我国能源安全，维护国家主权，推进海南自由贸易港建设及国家重大战略保障基地建设，推动海南大宗商品、国际能源交易中心建设意义重大。我国在深海油气田开发技术上已经成熟，在当前油价重返90美元/桶以上的背景下，南海油气开发经济收益将非常可观。

根据2022年10月海南省自然资源和规划厅会同海南省发展和改革委员会、海南省工业和信息厅印发的《海南省油气产业发展"十四五"规划》（以下简称《规划》），海南将推进陆域海域油气勘探开发，加快建设南海近浅海油气田，稳步推进深远海油气资源开发，到2025年形成上游勘探开发、中游储运加工综合利用、下游新材料一体化发展格局。到2035年，远海油气勘探开发取得突破，实现天然气水合物商业化开采。

海南将加快建设海洋油气勘探开发区域总部，计划到2025年形成完整的油气资源开发服务产业链，在油气勘探开发市场准入方面，推动3~5个油气勘查区块竞争性出让；力争在"十四五"期间新增陆域石油产能30万吨，新增海上天然气产能30亿立方米，环海南岛海上天然气年供应量达到90亿~130亿立方米；重点推进陵水17-2气田全面投产并连接全国天然气管网向海南及广东等地稳定供气，带动周边陵水25-1等深水气田开发形成新的气田群；推进东方13-2、乐东10-1等气田开发利用。

---

❶ 中国南海流花29—1气田投产 年新增产量可供千万居民使用［EB/OL］. ［2020-11-03］. https://m.gmw.cn/baijia/2020-11/03/1301757644.html.

❷ 我国首座深水钻井平台"海洋石油981"首钻成功［EB/OL］. ［2012-05-09］. http://www.gov.cn/jrzg/2012-05/09/content_2132907.htm.

在低碳发展上,海南将开展南海油气田碳封存潜力调查评价,推进陆域油气田CCUS(碳捕获、利用与封存)一体化示范项目,推动碳封存基地建设,力争到2025年形成30万吨/年以上封存能力,建成100万吨碳捕获、利用与封存(CCUS)示范基地,加快推动海域油气田CCUS示范项目建设。[1]

笔者认为,中国海洋石油集团有限公司应加快推进南海石油开发基地建设,集中全力攻关南海油气勘探开发;建议国家相关部门给予南海深海油气开发资源税收减免或划归海南省;海南省应全力配合,支持做好中国海洋石油集团有限公司海南总部及南海油气开发基地建设;研究取消深海油气田特别收益金征收;部分开发资金由中国证监会安排向社会资本定向增发股本募集。

7.6 加深与原油出口国的合作

由于低碳转型期原油出口国投资扩大产能意愿不足,宁愿落袋为安,中国企业应走出去,加深与原油出口国的合作,投资扩大原油产能,也可以在原油出口国投资建炼化厂,为原油出口国提供更多就业机会和财政收入,增加国际原油市场供应。对于原油出口国的闲置资本,吸引其来中国投资资本市场或参股实体企业,分享中国经济发展成果,形成利益共同体。

---

[1] 海南"十四五"油气勘探开发向南海远深拓展 有序放开市场准入 [EB/OL]. [2022-10-18]. https://baijiahao.baidu.com/s? id=1747010366206059390&wfr=spider&for=pc.

第8章　中长期国际原油供需形势

人口数量结构、经济发展水平、汽车数量以及燃油车比例等是世界原油总需求的重要影响因素。美国页岩油、委内瑞拉重油、遭受制裁的伊朗、中国的非传统原油政策及技术进步是世界原油供应的重要影响因素。

8.1　世界经济与人口增长前景

8.1.1　世界经济增长前景

长期经济增长主要是基于生产率增长、人口规模和劳动力规模的发展。在整个预测期间，经济预期增长大部分取决于区域和全球的一级劳动生产率，部分经济体将受到工作年龄人口规模下降的影响。预计欧洲经合组织、亚洲、大洋洲经合组织以及俄罗斯和中国即是如此。这种趋势将限制这些经济体的增长潜力，即使劳动生产率仍在不断提高。

在中东和非洲等地区，劳动生产率的提升将继续被人口迅速增长对劳动力规模的溢出所抵消。根据欧佩克的《世界石油展望 2045》，2019—2045 年的全球 GDP 预计将以平均每年 2.9% 的速度增长，这低于之前的预期，主要是由于受到新冠病毒感染疫情的显著影响。另一个影响因素是发展中的经济体，特别是中国和印度在经历长期发展后，经济增长速度会有所下降。截至2045年,全球大部分经济增长将由非经合组织国家贡献,这些国家的预计GDP年均增速为3.7%(表8-1),主要得益于劳动生产率的提高,尽管GDP的增长速度开始放缓。

表8-1 2019—2045年世界经济增长预测

单位:%

国家(地区)	2019—2025年	2026—2035年	2036—2045年	2019—2045年
美洲经合组织	1.0	2.3	2.3	2.0
欧洲经合组织	0.4	1.7	1.6	1.4
亚洲、大洋洲经合组织	0.7	1.3	1.2	1.1
经合组织	0.7	1.9	1.9	1.6
拉丁美洲	0.6	2.3	2.3	1.9
中东和非洲	2.3	3.8	4.4	3.7
印度	4.9	6.3	5.4	5.6
中国	4.9	4.2	2.8	3.9
亚洲其他	3.2	4.2	3.4	3.7
欧佩克	1.0	3.0	3.1	2.6
俄罗斯	0.6	1.5	1.3	1.2
欧亚其他	1.7	2.8	2.2	2.3
非经合组织	3.4	4.2	3.5	3.7
世界	2.3	3.3	3.0	2.9

数据来源:欧佩克《世界石油展望2045》。

印度预计仍将是经济增长最快的发展中国家,GDP平均增长率5.6%,预期范围内的经济增长与预期的人口增长趋势一致。中国预计将成为经济增长第二快的主要经济体,2019—2045年的GDP年均增长率为3.9%。与此同时,中国经济正在迅速走向成熟,预计后期经济增长率将趋于平缓,2036—2045年年均增长率将降到2.8%左右。因此,在预测期的最后十年内,中国的新增原油需求将被中东和非洲、欧佩克以及亚洲其他地区的需求所取代。在所有这些经济体中,与老龄化程度加深和人口规模逐渐下降相比,工作年龄人口的增加将有助于经济的更快增长。亚洲其他地区的经济增长率预计将从2026—2035年的年均4.2%放缓到2036—2045年的年均3.4%,这仍高于3%的全球平均水平。在中东和非洲,其2019—2045年经济年均增长率估计为3.7%。预计该地区不仅将受益于人口数量的增长，还将受益于中产阶级规模的扩大，从而导致消费能力提高。预计这将伴随全球经济增长之际大宗商品市场的改善。

截至2035年，俄罗斯劳动生产率的提高预计将部分抵消人口变化和工作年龄人口减少的不利影响。因此，预计在截至2035年的10年里，俄罗斯的经济增长率将上升至1.5%，而中期增长平均水平将被新冠病毒感染疫情的影响部分抵消。预计俄罗斯长期将得到大宗商品市场价格回升的支持，重点是原油和天然气市场。然而，俄罗斯人口的减少将是影响其经济增长率超过1.2%左右的长期平均水平的重要因素。在欧亚大陆的其他地区，工作年龄人口规模的扩大有助于将GDP增长率保持在年均2%以上。在整个预测期间，除了拉丁美洲大多数经济体持续存在的结构性问题外，新冠病毒感染疫情也对这些国家产生了重大影响，但在短期和中期内将会产生什么样的影响还未确定。阿根廷持续的金融问题也加剧了南美的经济困境。然而，这将为长期的经济增长奠定基础。拉丁美洲的经济在新冠病毒感染疫情之前受到严重损害，预计将出现周期性复苏，实施必要的结构性改革将促进经济的改善，有望将拉丁美洲的年均经济增长率提升至2.3%。在经合组织区域，年均经济增长率预计为1.6%。2019—2045年，美洲经合组织继续保持经济增长前景，尽管新冠病毒感染疫情对世界经济产生了重大影响，但其经济增速预计稳定在2%左右。

从长期来看，移民将有助于扩大劳动力规模，而劳动生产率预计将保持在接近当前水平。在其他经合组织地区，特别是亚洲、大洋洲经合组织，工作年龄人口规模的缩小可能会导致经济增长放缓。由于人口和工作年龄人口规模的影响，欧洲经合组织的经济增长也将略有放缓，预计长期增长率为1.4%。

预计2045年的全球经济规模将是2019年的两倍，仅中国和印度就将占全球GDP的40%，而经合组织将只占31%。2019年，经合组织占全球GDP的43%，其中美洲经合组织、欧洲经合组织和中国均占相近的份额。

尽管在区域一级发生了很大的变化，但全球经济状况的平均收入（以人均国内生产总值衡量）可能并没有发生显著变化。美洲经合组织预计仍将保持人均 GDP 最高的地区，其次是亚洲、大洋洲经合组织和欧洲经合组织。中东和非洲仍然是人均 GDP 最低的地区，预计将是 2045 年唯一的人均收入低于 1 万美元（2011 年购买力平价）的地区。预计印度和中国将发生最大的变化，中国的人均收入将会上升，其与经合组织国家之间的差距将进一步缩小，并超过俄罗斯。全球人均收入预计将从 15170 美元（2011 年购买力平价）上升到 2045 年的超过 27000 美元（2011 年购买力平价）。

8.1.2 世界人口增长前景

全球人口预计将从当前的 77 亿增长到 2030 年的 85 亿和 2045 年的 97 亿，30 年内将增长 25% 左右。尽管撒哈拉以南的非洲人口增长了近一倍，但增长率将随着时间的推移继续放缓。虽然其影响可能是短暂的，但新冠病毒感染疫情似乎略微放缓了人口增长速度，中国和许多发达经济体在疫情流行期间登记的出生人数均有所减少。新冠病毒感染疫情造成的其他短期影响包括许多发达经济体人口预期寿命的下降和国际移民的显著减少：经合组织国家在 2020 年上半年发放的新签证和居留许可的数量与 2019 年同期相比下降了 46%。老年人在全球人口中所占的比例不断上升是一个日益重要的人口统计趋势，在全球层面，这并不是一个主要问题：全球 65 岁及以上人口的比例从 1960 年的约 5% 增加到 2019 年的 9%。然而，这在高收入国家已经成为一个明显的趋势，并且随着时间的推移，这一问题对于中国和其他中等收入经济体将变得越来越重要。除了在经济上的影响外，人口老龄化也会影响能源使用模式，较高的住宅消费将被较低的旅行倾向所抵消。城市化是能源需求预测的一个关键因素。2020 年，全球约 56% 的人口居住在城镇，他们消耗的能源占全球能源总量的 2/3。预计到 2050 年，居住在城镇和城市的全球人口比例将上升到近 70%，而在撒哈拉以南的非洲和南亚的城市人口增长速度尤其快。

世界正在经历人口增长，同时呈现出显著的老龄化趋势。总体趋势因地区而异，不同的国家正处于向低人口增长率过渡的不同阶段。经合组织区域和一些发展中国家已经经历了这些变化，但许多其他地区的过渡预计将在不久的将来开始。主要人口要素包括人口增长率、工作人口数量、城市化率和移民数量，这些数据已被详细调查，由联合国经济和社会事务部（UNDESA）人口司组织实施。经合组织和非经合组织之间的人口增长差异相当显著，近96%的人口增长预计将发生在非经合组织地区。到2045年，人口增长的主要部分（45%）将来自中东和非洲（不包括欧佩克国家），而亚洲其他、印度和欧佩克的贡献将为14%~17%。在经合组织地区，2019—2045年期间的人口增长将主要来自美洲经合组织。

表8-2 2019—2045年世界各地区人口变化趋势

单位：百万人

地区	2019年	2020年	2025年	2030年	2035年	2040年	2045年	2019—2045年增量
美洲经合组织	516	520	537	554	570	583	594	78
欧洲经合组织	578	580	584	587	588	589	587	9
亚洲、大洋洲经合组织	217	217	217	215	213	210	207	-10
经合组织	1311	1317	1338	1356	1371	1382	1388	77
拉丁美洲	470	474	493	509	523	534	542	72
中东和非洲	1092	1118	1259	1406	1559	1718	1881	789
印度	1366	1380	1445	1504	1554	1593	1621	255
中国	1434	1439	1458	1464	1461	1449	1429	-5
亚洲其他	1204	1218	1289	1352	1408	1456	1496	292
欧佩克	491	501	554	609	664	720	778	287
俄罗斯	146	146	145	143	141	139	137	-9
欧亚其他	198	198	201	203	204	205	206	8
非经合组织	6401	6474	6844	7190	7514	7714	8090	1689
世界	7712	7791	8181	8528	8885	9096	9478	1768

数据来源：联合国经济和社会事务部人口司。

2019—2045 年，中国人口数量将减少约 500 万，而过去 26 年（1993—2019 年）的人口增量为 2 亿多，代表了中国人口数量的一个转折点。这是新兴经济体中人口增量的最大降幅。印度在过去 26 年里人口数量增加了 4 亿多，预计 2019—2045 年，其人口增量将减少到 2.55 亿。

2019—2045 年，经合组织的人口数量预计将增长 7700 万，远低于 1993—2019 年增长 2 亿多人口的水平。中东和非洲（不包括欧佩克）地区目前正在经历人口数量的快速增长，预计这一趋势将在预测期结束时保持不变。值得注意的是，这是 2019—2045 年期间唯一一个预计人口数量增长更快（增加 7.89 亿人口）的地区，而其在 1993—2019 年期间增长了 5.22 亿人口，这一发展意味着中东和非洲地区在 2045 年将拥有世界人口数量增长的最大份额。

在工作年龄人口的比例方面也可以观察到类似的变化，就绝对值而言，中东和非洲（不包括欧佩克）将出现最大的工作年龄人口增量。2019—2045 年，全球工作年龄人口估计将增长 9.81 亿（表 8-3）。据估计，全球工作年龄人口占世界总人口的比例将从 2019 年的 65% 下降到 2045 年的 63%。这种现象在所有区域都可以观察到，只是模式和水平有所不同。值得注意的是，中国的工作年龄人口在预测期内将减少 1.43 亿，与中国的人口增长率动态一致。与 2019 年相比，中东和非洲到 2045 年增加了约 5.52 亿的工作年龄人口，预计将经历最大的增长；其次是印度，其工作年龄人口增量约为 1.92 亿。

城市化趋势是至关重要的，因为这一趋势对经济发展、社会问题和能源消耗有着深远的影响。在全球范围内，城市地区的人口已超过农村地区，2019 年全球近 56% 的人口居住在城市地区。1950 年，全球约 30% 的人口居住在城市；到 2045 年，预计全球将有 66% 的人口居住在城市。

表 8-3　2019—2045 年世界各地区工作年龄人口变化趋势

地区	2019 年	2020 年	2025 年	2030 年	2035 年	2040 年	2045 年	2019—2045年增量
美洲经合组织	339	341	348	353	359	365	371	32
欧洲经合组织	374	374	370	364	357	349	342	-32
亚洲、大洋洲经合组织	137	136	133	130	125	118	113	-24
经合组织	850	851	851	847	841	833	826	-24
拉丁美洲	316	319	331	339	347	351	351	35
中东和非洲	618	636	730	833	943	1056	1170	552
印度	916	928	986	1029	1064	1091	1108	192
中国	1014	1012	1007	986	943	898	871	-143
亚洲其他	795	805	854	897	934	964	986	191
欧佩克	295	301	336	374	412	448	483	188
俄罗斯	97	97	93	90	90	89	86	-11
欧亚其他	131	130	131	132	133	133	132	1
非经合组织	4182	4228	4468	4680	4866	5030	5187	1005
世界	5032	5080	5319	5527	5707	5863	6013	981

数据来源：联合国经济和社会事务部人口司。

2020 年，亚洲的城市化水平约为 50%；欧佩克成员国的城市化水平高于目前约 65% 的全球平均水平；亚洲其他、中东和非洲地区未来几十年的城市化水平预计将显著上升。值得注意的是，印度的城市化率一直是较低的，尽管在未来几十年将大幅度上升，但预计在 2045 年仍将保持全球较低水平。非洲大部分仍然是农村地区，约 43% 的人口居住在城市地区。相比之下，中国的城市化水平发生了巨大的变化：在 1990 年以前，中国的城市人口率和印度一样低，但在 1990 年以后经历了显著的增长，并且预计将进一步增长，尽管增长速度正在放缓，但将在 2045 年接近全球平均水平。人口流动是区域层面人口变化的另一个因素，人口流入主要发生在经合组织地区，预计到 2045 年，经合组织移民率将增加约 4.7%，而发展中国家预计将出现人口外流。

8.2 世界原油需求展望

到 2050 年，全球几乎一半的汽车将是电动汽车，超过 1/4 的重型货车将是电动或燃料电池货车。在 2030 年以后，需要增加成本来减少石油和天然气生产中二氧化碳的排放，许多承诺净零碳排放的国家对新油田的投资将十分有限。

乘用车使用的原油量是所有行业中最大的，2020 年乘用车原油消耗约为 20 百万桶/日；到 2030 年，预计乘用车的原油需求将增加约 2 百万桶/日。2030 年，预计约 8% 的公路汽车是电动的，但重型汽车，尤其是运动型多用途汽车数量的增加抵消了电动汽车增加导致的原油使用量减少的影响。在承诺净零碳排放的国家，预计 2030 年道路上超过 15% 的乘用车是电动的，通过对内燃机车辆的逐步淘汰计划、严格的燃油经济性标准、支持替代燃料基础设施建设的部署，以及加强对步行和自行车基础设施及公共交通的投资等措施，世界经济将变得越来越低碳化。在全球范围内，2020—2030 年，汽车的原油使用量预计将减少 0.4 百万桶/日。

2020 年，重型货车的原油使用量为 10 百万桶/日。电气化和燃料效率的提高在减少货车原油消耗方面发挥着核心作用，替代液体燃料也可能发挥潜在作用，特别是对于超过 400 千米的旅程。短期内，电动和燃料电池重型货车难以获得市场份额。到 2030 年，预计承诺净零碳排放的国家的重型货车中将有 3.5% 是电动的或使用燃料电池，全球对重型货车的原油需求将增加约 3 百万桶/日。

在全球层面，原油需求将从 2019 年的 99.5 百万桶/日增加到 2045 年预计的 109.1 百万桶/日，总体增长了约 9.6 百万桶/日（表 8-4）。然而，这一总体增长掩盖了区域发展进程中原油需求轨迹的重大变化。新冠病毒感染疫情在2022年得到了广泛控制，预计世界原油需求将在2023年和2024年有所恢复，此后几年将继续增长。预计需求增长将持续，特别是在中期，2025年原油需求将达到103.6百万桶/日。在未来10年里，原油需求在预测期的剩余时间开始趋于稳定之前，预计还将出现温和增长。尽管在预测期第二阶段原油需求增长放缓，但从整个期间来看，原油在全球能源组合中仍将保持最高份额。2019年，原油提供了全球能源需求的31%以上；到2035年，这一比例将逐渐下降至30%以下；到2045年，则会进一步下降至近27%，但仍高于其他能源所占的份额。此外，2019—2045年，原油还将保持其在能源需求增长的主要贡献者中的地位。以能源当量计算，原油需求增长850万桶/日将是第三大增量，仅次于其他可再生能源和天然气。

关于区域一级的趋势，经合组织和非经合组织国家的预期发展形成了鲜明对比。未来的原油需求增长将几乎完全由非经合组织国家驱动，2019—2045年，其需求预计将增加2270万桶/日。受中产阶级规模扩张、高人口增长率和更强大的经济潜力的推动，这一增长的最大部分将来自以印度和中国为首的发展中国家（表8-4）。由于将该前景的时间跨度延长到2045年，印度尤其出现在原油需求不断增长的国家的最前沿。这是因为印度的原油需求与其他几个发展中国家，特别是非洲的发展中国家类似，仍将处于增长轨迹上。在预测期的第二阶段，中国、俄罗斯等其他主要非经合组织国家的原油需求将会达峰甚至下降。与这些国家相比，经合组织国家的原油需求在截至2045年的期间内将大幅度下降。这些国家的原油需求可能会经历短暂的增长，同时从新冠病毒感染疫情中恢复，然后进入缓慢但稳定的长期下降阶段。预计美洲经合组织的原油需求下降最大（2019—2045年减少630万桶/日）；相对而言，预计亚洲、大洋洲经合组织的原油需求下降速度将快于美洲经合组织；介于两者之间的是欧洲经合组织，其原油需求预计下降410万桶/日。

表 8-4 2019—2045 年世界各地区原油需求变化情况

单位：百万桶/日

地区	2019 年	2020 年	2025 年	2030 年	2035 年	2040 年	2045 年	2019—2045 年增量
美洲经合组织	25.6	23.3	25.7	24.8	23.1	21.2	19.3	-6.3
欧洲经合组织	14.3	12.6	13.7	12.9	12.0	11.1	10.2	-4.1
亚洲、大洋洲经合组织	7.9	7.1	7.4	6.9	6.4	5.8	5.2	-2.7
经合组织	47.8	43.0	46.8	44.6	41.5	38.1	34.7	-13.1
拉丁美洲	6.2	5.8	6.6	7.1	7.4	7.6	7.9	1.7
中东和非洲	4.3	3.9	4.8	5.5	6.2	6.9	7.6	3.3
印度	4.8	4.3	5.8	7.2	8.6	9.9	11.1	6.3
中国	13.1	12.1	14.4	15.5	16.2	16.7	17.1	4.0
亚洲其他	9.0	8.5	9.9	10.9	11.7	12.4	13.0	4.0
欧佩克	8.7	8.2	9.5	10.5	11.3	11.7	11.7	3.0
俄罗斯	3.6	3.2	3.7	3.8	3.8	3.8	3.7	0.1
欧亚其他	2.0	1.8	2.1	2.2	2.3	2.3	2.3	0.3
非经合组织	51.7	47.8	56.8	62.7	67.5	71.3	74.4	22.7
世界	99.5	90.8	103.6	107.3	109.0	109.4	109.1	9.6

数据来源：欧佩克《世界石油展望 2045》。

8.2.1 区域需求及总需求

长期原油需求预测显示了两个主要地区之间的差异：经合组织长期原油需求下降和非经合组织长期原油需求增长。事实上，经合组织在 2022—2025 年的原油需求预计将稳定在 47 百万桶/日左右。此后，到 2045 年，由于该地区的人口增长率将非常低，经济增长率长期保持在年均 2% 以下，因此原油需求将下降至近 35 百万桶/日的水平。与此同时，所有消费部门都将提高效率，包括可替代燃料汽车数量在运输部门的显著增长，以及其他部门从石油和煤炭转向天然气和可再生能源。相比之下，非经合组织地区的原油需求将继续增长。受中产阶级规模不断扩大、高人口增长速度和更大的经济增长潜力的推动，这类国家的原油需求在2019—2045年预计将增加227百万桶/日，在2045年达到744百万桶/日的水平。这一增量需求的最大贡献者预计是印度，其原油需求在2019—2045年将增加约6.3百万桶/日。然而，随着经合组织的需求下降加速和非经合组织地区的需求增长开始放缓，这种状况在未来将更加显著。全球原油需求将在预测期的上半段以相对稳健的速度增长，在下半段则将趋于稳定。

8.2.2 行业划分需求展望

对区域原油需求的分析表明，新冠病毒感染疫情流行对2020年的原油需求产生了巨大影响，并将在未来多年内影响石油行业。与危机前的预测相比，新冠病毒感染疫情使全球原油需求预期降到了更低的水平。由于航空和道路运输与其他部门相比受到了不同程度的影响，它还改变了全球消费模式内各部门的相对权重。此外，消费者行为的可能变化将对几个行业的中期和长期发展产生持久的影响。各行业原油需求的主要趋势见表8-5。除2020—2023年外，交通运输部门在全球石油需求中的份额将保持在57%~58%，尽管各种运输方式之间份额的变化将是难以避免的。

表8-5 2019—2045年按行业划分的原油需求

单位：百万桶/日

行业	2019年	2020年	2025年	2035年	2040年	2045年	2019—2045年增量
道路运输	44.4	40.1	46.3	47.1	47.1	47.0	2.6
航空	6.7	3.5	7.1	8.4	8.9	9.4	2.7
铁路/内河运输	1.9	1.8	1.9	2.1	2.1	2.0	0.1
海洋运输	4.2	4.0	4.4	4.7	4.7	4.6	0.6
交通运输	57.2	49.4	59.7	62.3	62.8	63.0	5.8
化工行业	13.7	12.9	14.7	16.7	17.0	17.3	3.6

续表

行业	2019年	2020年	2025年	2035年	2040年	2045年	2019—2045年增量
其他工业	12.8	12.7	13.0	13.5	13.3	13.1	0.3
工业	26.5	25.6	27.7	30.2	30.3	30.4	3.9
住宅/商业/农业	11.1	10.8	11.4	12.2	12.1	11.6	0.5
发电	4.9	4.9	4.8	4.3	4.1	3.9	−1.0
世界	99.7	90.7	103.6	109.0	109.3	108.9	9.4

数据来源：欧佩克《世界石油展望2045》。

此外，交通运输部门将是未来原油需求的主要贡献者，将所有交通运输方式结合起来，2019—2045年的原油需求将增长5.8百万桶/日。在该部门，对原油的最大需求来自公路运输，2019年约占全球原油需求的45%，为44.4百万桶/日。2020年新冠病毒感染疫情严重影响了该行业的原油需求，较2019年下降了超过4百万桶/日。然而，从中期和长期来看，2045年道路运输的原油需求预计将增长至47百万桶/日。预计在未来几年，该行业将经历原油需求和运输服务与道路车辆数量之间的强劲脱钩，其主要原因是技术发展、能源政策收紧以及电动汽车、天然气和在某种程度上氢作为燃料来源的市场份额的增加所推动的效率提高。航空业受新冠病毒感染疫情的影响最大，2020年，其原油需求下降了近50%，之后有所增长，预计2023—2024年将恢复到2019年的水平。然而，2019—2045年，航空业预计将是原油需求相对增长最快的行业，年均增长速度约为1.3%，相当于2.7百万桶/日的增量需求，从2019年的6.7百万桶/日上升到2045年的9.4百万桶/日。海洋运输行业和铁路/内河运输行业预计也会有一定增长，但年均增长率比航空业要低得多，预计在0.4%左右。

与交通运输部门相比，原油的工业使用量要少得多。此外，工业需求中占比更大且不断增长的部分是非能源用途——作为化工工业生产塑料和化学品的原料，对这些产品的需求与经济增长密切相关，因此这一领域的原油需求有着强劲的增长潜力。事实上，化工工业是预测期内原油需求增量的最大单一贡献者，增长了3.6百万桶/日。相比之下，工业需求的其他部分,主要包括钢铁和水泥生产、采矿和建筑,预计将以较慢的速度增长,其主要原因是燃料替代选择,如天然气和可再生电力。新能源替代原油也将在非经合组织地区发挥作用,导致原油需求增长速度放缓,但没有达到负增长的程度。住宅/商业/农业部门的原油需求由于严格的政策措施,特别是对建筑规范和供暖系统的限制,再加上电气化和燃料替代,经合组织国家在这些部门的原油需求已经有所下降。这一趋势将在预测期内继续下去,并导致这些部门2045年的原油需求较2019年仅增长0.5百万桶/日。由于来自天然气和可再生能源的竞争日益加剧,发电是唯——一个预计原油需求将下降的部门。

8.2.3 汽车动力结构的影响

除汽车使用规模对道路运输中的原油需求有很大影响外,汽车的动力结构在决定未来原油消费趋势方面也发挥着重要的作用。目前,随着新能源汽车的普及,汽车动力结构在不断变化。乘用车动力推进系统的最新进展是不同程度的电气化和氢气化。每种能源都有各自的优缺点,尽管电动汽车具有更广泛的可接受性和快速的采用率,但是在乘用车领域,氢能源汽车正成为被广泛关注的对象,并已经引起日本、欧盟、中国和美国等多个国家或地区的政策制定者的重视。其他新能源汽车燃料包括天然气和生物燃料。电动汽车作为一种可选的动力系统,正在逐渐改变汽车能源结构组成的格局,主要集中在以下三个地区:中国、美洲经合组织和欧洲。到目前为止,电动汽车数量的急剧增长主要源自这些国家和地区。这些国家和地区的电动汽车市场仍然严重依赖补贴和不断发展的政策,尽管电池成本的降低提升了额外的市场份额扩张动力。由于电动汽车的前期成本仍然超过内燃机汽车,因此消除任何支持机制都会阻碍电动汽车市场份额的增长。在欧洲,这一趋势好坏参半,一些国家审查了补贴和激励措施,而另一些国家,如英国则宣布了到2035年禁止销售内燃机汽车的计划。在全球层面，2019—2045年乘用车销量将从约11.67亿辆增加到约21.19亿辆（表8-6），其中电动汽车销量占乘用车销量的比重预计将上升至27%以上。此外，预计天然气汽车和燃料电池汽车的销量也将有所增加，尽管燃料电池汽车技术有待研究发展。虽然有新能源汽车参与竞争，但预计内燃机汽车销量仍占2045年所有乘用车销量的近60%。

表8-6　2019—2045年乘用车销量展望

单位：百万辆

地区	2019年	2020年	2025年	2030年	2035年	2040年	2045年	2019—2045年增量
美洲经合组织	281.5	282.5	286.3	300.3	314.1	323.9	331.2	49.7
欧洲经合组织	258.4	259.4	260.7	262.3	264.8	266.5	267.0	8.6
亚洲、大洋洲经合组织	94.0	94.1	94.8	95.1	95.0	94.6	93.9	-0.1
经合组织	633.9	636.0	641.8	657.7	673.9	685.0	692.0	58.1
拉丁美洲	82.5	83.9	89.1	96.4	103.5	110.4	118.1	35.6
中东和非洲	36.8	38.6	47.3	60.6	77.4	98.4	120.9	84.1
印度	29.2	31.8	49.1	74.1	106.6	144.9	182.7	153.5
中国	172.7	184.5	256.0	326.2	388.2	435.1	475.3	302.6
亚洲其他	74.2	78.8	104.2	141.2	183.5	228.6	272.8	198.6
欧佩克	52.5	55.0	69.2	85.9	103.3	121.1	139.3	86.8
俄罗斯	36.8	37.4	41.5	43.7	45.3	46.5	47.7	10.9
欧亚其他	48.0	48.9	52.7	57.7	62.0	65.8	69.8	21.8
非经合组织	532.6	558.9	709.1	885.8	1069.9	1250.8	1426.7	894.1
全球	1166.5	1194.8	1350.9	1543.5	1743.8	1935.7	2118.7	952.2

数据来源：欧佩克《世界石油展望2045》。

8.2.4　产品划分需求展望

原油经炼化后形成轻质产品、中间馏分油和其他产品。轻质产品包括乙烷/液化石油气、石脑油和汽油；中间馏分油分为两类，即航空煤油/煤油和柴油（包括生物柴油）。燃料油（包括炼油厂燃料油）和其他产品（包括沥青、润滑油、石蜡、焦炭等）是原油经过精炼后的剩余产品（表8-7）。

表8-7 按产品分类的长期原油需求

单位：百万桶/日

产品	2019年	2020年	2025年	2030年	2035年	2040年	2045年	2019—2045年增量
乙烷/液化石油气	12.6	12.2	13.7	14.8	15.3	15.3	15.1	2.5
石脑油	6.3	5.9	6.7	7.2	7.6	8.0	8.3	2.0
汽油	26.4	24.0	27.6	27.9	27.8	27.6	27.4	1.0
轻质产品	45.3	42.1	48.0	49.9	50.7	50.9	50.8	5.5
航空煤油/煤油	7.6	4.4	8.0	8.5	9.1	9.6	10.0	2.4
柴油	28.4	26.3	29.1	29.9	30.1	30.1	30.0	1.6
中间馏分油	36.0	30.7	37.1	38.3	39.2	39.7	40.0	4.0
燃料油	7.2	6.9	7.2	7.5	7.4	7.3	7.1	-0.1
其他产品	11.2	11.0	11.3	11.6	11.5	11.3	11.1	-0.1
全球	99.7	90.7	103.6	107.3	108.8	109.2	109.0	9.3

数据来源：欧佩克《世界石油展望2045》。

汽油、乙烷/液化石油气和柴油需求的增加将由汽车数量的增加来推动，特别是在发展中国家。然而，值得注意的是，到2025年1.2百万桶/日的总体增长明显低于之前的预测。这主要是由于2020年的需求减少，也是由于乘用车数量的增长放缓。对乙烷/液化石油气需求的不断增长，反映了石化和住宅行业的发展趋势。对柴油/生物柴油的需求也在增长，但2019—2025年的增长不到预期的一半，因为GDP增长率遭受新冠病毒感染疫情封锁、主要经济体结构持续变化、海运柴油和欧洲柴油汽车销量下降的影响。由于新冠病毒感染疫情的封锁和对航空旅行的限制，航空煤油/煤油的需求也出现了类似的下降。然而，当考虑到整个预测周期时，这些产品的相对权重会发生变化。首先，全球汽油需求的长期增长将低于中期的增长，这种汽油需求模式是由汽车数量和动力能源结构变化决定的。因此，在中期出现一些增长后，汽油需求增长不仅会在2030年减速，而且将开始趋于稳定和下降；到2045年，将从2030年预计的27.9百万桶/日的峰值下降约0.5百万桶/日。这是乘用车领域变化趋势的结果，由于燃油效率的提高和电动汽车市场份额的扩大，更主要的是电动汽车市场份额的增加，远远抵消了汽车数量扩张带来的潜在原油需求增长。其次，与中期类似，化工和住宅行业的持续强劲增长将为这些产品提供支持。除了乙烷（和部分液化石油气），石脑油的需求也与规模不断扩大的化工工业密切相关，对石脑油需求的增长将集中在亚洲国家，预计其他亚洲地区、中国和印度的增量较大。由于航空业的快速发展，航空煤油/煤油的需求也将大量增加。

8.3 世界原油供应展望

到2030年美国页岩油产量达峰之前，美国仍然是全球原油中期供应量增加的主要来源之一，此外还有经过长期规划的主要上游项目，如巴西、挪威、圭亚那和哈萨克斯坦的新油田。一些现有的主要原油生产国，包括加拿大和俄罗斯，也能提供一定的增量（表8-8）。然而，对全球原油供应前所未有的一些持久的负面影响将仍然存在。例如，就美国页岩油而言，二叠纪盆地的主导地位将日益增强，而其他主要盆地的产量都没有恢复到新冠病毒感染疫情前的水平，尽管它们仍然是产量较高的产区。美国其他地区的成熟油田，如传统的陆上油田，由于投资减少，减产更快、停产更早，未来部分上游项目将被取消。美国、北海以及其他亚洲和非洲部分地区的预计产量将低于之前的预期。在某种程度上，非原油液体也是如此，包括凝析油、生物燃料和其他燃料。因此，在21世纪20年代末美国页岩油产量达到峰值后，总体来说，非欧佩克产油国的总石油供应量将趋于稳定，只有少数国家可能出现供应增长，如巴西、加拿大、哈萨克斯坦、卡塔尔和俄罗斯。许多其他非欧佩克产油国将出现产量不再提高甚至下降的情况。非欧佩克产油国的石油供应预计将从 2027 年 718 万桶/日的峰值下降到 2045 年的 654 万桶/日，因此在 2019—2045 年的整个预测期间大致持平。

表 8-8 2019—2045 年全球各地区石油供应展望

单位：百万桶/日

国家（组织）	2019 年	2020 年	2025 年	2030 年	2035 年	2040 年	2045 年	2019—2045 年增量
美国	18.4	17.0	19.8	20.3	19.1	17.7	16.6	-1.8
美国页岩油	11.7	10.9	14.5	15.8	15.4	14.3	13.3	1.6
加拿大	5.4	5.0	5.6	5.7	5.9	6.0	6.2	0.8
加拿大油砂	2.9	2.7	3.3	3.6	3.8	4.1	4.3	1.4
墨西哥	1.9	1.9	1.9	1.8	1.8	1.7	1.6	-0.3
挪威	1.7	2.0	2.5	2.1	1.9	1.6	1.5	-0.2
英国	1.1	1.1	1.1	1.0	0.9	0.8	0.7	-0.4
巴西	3.5	3.7	5.2	5.5	5.5	5.3	4.9	1.4
俄罗斯	11.4	10.3	11.8	11.9	12.0	12.0	11.9	0.5
阿塞拜疆	0.8	0.7	0.7	0.7	0.6	0.6	0.5	-0.3
哈萨克斯坦	1.8	1.7	2.3	2.5	2.6	2.7	2.7	0.9
中国	4.1	4.1	4.1	4.1	4.1	4.0	3.8	-0.3
卡塔尔	2.0	2.0	2.1	2.4	2.4	2.5	2.6	0.6
非欧佩克产油国	65.0	61.8	70.7	71.5	69.9	67.6	65.4	0.4
非欧佩克原油	45.9	43.5	50.0	48.9	46.0	43.0	40.3	-5.6
非欧佩克凝析油	10.5	10.3	11.3	12.5	13.0	13.2	13.2	2.7
非欧佩克生物燃料	2.5	2.3	2.8	3.1	3.3	3.5	3.6	1.1
非欧佩克其他燃料	3.8	3.6	4.3	4.6	4.9	5.1	5.4	1.6
欧佩克	33.8	30.7	33.2	35.9	39.2	41.9	43.9	10.1
全球	98.8	92.5	103.9	107.4	109.1	109.5	109.3	10.5

数据来源：欧佩克《世界石油展望 2045》。

第9章 结 语

尽管欧佩克声称要维护世界原油市场的稳定,保持适宜的油价,然而,适宜的油价这一命题本身便是一个未知数,需要根据油价波动的历史进行总结,并且需要考虑非欧佩克产油国的增产能力、原油消费国的购买力和替代能源的技术成本。长期来看,欧佩克可以提高油价(以导致需求下降的油价水平为上限),如果非欧佩克产油国无力增产,高油价将维持下去,并且将随着世界 GDP 的增长继续上涨。

原油市场的实际复杂性远不止于此,尽管欧佩克在石油资源方面拥有绝对优势,但欧佩克国家大多依赖原油出口收入生存,如果非欧佩克国家在短期内取得局部勘探突破,石油可采储量将得到较大幅度的上升,便能在 2~3 年内形成产能,非欧佩克产油国的大幅度增产能压低油价,使欧佩克的原油出口收入锐减,5~8 年的低油价将使大部分欧佩克国家的外汇储备消耗殆尽。当然,非欧佩克产油国的这种增产是不可持续的,因为石油储量的过度开采会导致将来的产能不足,长期来看将丧失与欧佩克竞争的实力,但是 5~8 年的过度开采对欧佩克国家的压力是显著的。事实上,非欧佩克产油国的勘探进展具有极大的不确定性,2010 年以来美国页岩油的蓬勃发展便是一个例证。

中东复杂的政治形势也给原油市场增添了复杂性。欧佩克成员国发生革命或战争都会造成重大的原油供应中断,供应中断恢复的不确定性导致油价剧烈波动。面对革命和战争,其他欧佩克成员国有不同的态度和立场,它们对待供应中断的不同态度给原油市场增添了变数。欧佩克的产量行为对原油价格变化的影响举足轻重，短期内非欧佩克产能的增加极其有限，在出现重大原油供应中断后，欧佩克选择的增产时间、增产规模等都会直接影响重大供应中断期间油价的走势。

  原油价格变化的不确定性、剧烈性和突变性使分析油价的变化规律困难重重。2008年油价涨到147美元/桶，高盛曾预言油价将会涨到1000美元/桶，2016年却跌到26美元/桶；2020年沙特阿拉伯和俄罗斯打价格战，原油现货价格跌到10美元/桶，一年后又暴涨到80美元/桶，其间充满了戏剧性，出乎大多数专业人士的意料。原油行业面对的最大挑战是低碳技术的突破将使在交通运输领域，电动汽车、氢能源汽车、天然气货车，甚至太阳能汽车成为主流，极大地削减了原油消费，绝大部分专家看空长期原油价格。极少数专家认为即使是在低碳时代，原油需求的减少也不显著，这是考虑到世界人口的不断增长以及经济发展水平的逐渐提高，原油作为化工原料仍然用途广泛，可用来生产化肥、农药、塑料、合成橡胶、沥青等，在海洋运输、工程机械、军事装备等领域，原油将长期发挥作用，原油时代远未终结。由于低碳技术的突破，人们不愿意将主流资金投入原油行业，这可能会导致原油供应能力下滑，造成供不应求，原油需求的低价格弹性将驱动国际油价处于中高价位。一个即将萎缩的产业却供不应求甚至涨价，在经济学中并不常见，主要是因为供应下降的速度比需求下降的速度更快，属于总需求下降过程中的供不应求而价格上涨现象。原油时代是否会结束？未来国际油价如何？让我们拭目以待。

参考文献

[1] ADELMAN M A. Scarcity and world oil prices [J]. The Review of Economics and Statistics, 1986, 68 (3): 387 - 397.

[2] ADELMAN M A. World oil production and prices 1947—2000 [J]. The Quarterly Review of Economics and Finance, 2002, 42 (2): 169 - 191.

[3] ADELMAN M A. US oil/gas production cost: Recent changes [J]. Energy Economics, 1991, 13 (4): 235 - 237.

[4] ALHAJJI A F, Huettner D. OPEC and other commodity cartels: A comparison [J]. Energy Policy, 2000, 15 (28): 1151 - 1164.

[5] bp. bp Statistical Review of World Energy 2021 [R]. 2021.

[6] CAMPBELL C. The end of cheap oil [J]. Scientific American, 1998 (3): 78 - 83.

[7] CREMER J, Weitzman M L. OPEC and the monopoly price of world oil [J]. European Economic Review, 1976, 8 (2): 155 - 164.

[8] DAWUD A. OPEC, Saudi Arabia and the shale revolution: Insights from equilibrium modeling and oil politics [J]. Energy Policy, 2017, 111: 166 - 179.

[9] GATELY D. OPEC: Retrospective and prospects 1972—1990 [J]. European Economic Review, 1983, 3 (21): 313 - 331.

[10] GRIFFIN J M. OPEC behavior: A test of alternative hypotheses [J]. American Economic Review, 1985, 75 (5): 954 - 963.

[11] HOTELLING H. The economics of exhaustible resources [J]. Journal of Political Economy, 1931, 39 (2): 137 - 175.

[12] RAMCHARRAN H. Oil production response to price changes: An empirical application

of the competitive model to OPEC and non-OPEC countries [J]. Energy Economics, 2002 (24): 97-106.

[13] HNYILICZA E, PINDYCK R. Pricing policies for a two-part exhaustible resource cartel: The case of OPEC [J]. European Economic Review, 1976, 2 (8): 139-154.

[14] JONES C T. OPEC behavior under falling prices: Implications for cartel stability [J]. Energy Journal, 1990 (11): 117-134.

[15] HORN M. OPEC's optimal crude oil price [J]. Energy Policy, 2004, 2 (32): 269-280.

[16] MACAVOY P. Crude oil prices as determined by OPEC and market fundamentals [M]. Cambridge: Ballinger Publishing Company, 1982.

[17] MAUGERI L. Oil: Never cry wolf: why the petroleum age is far from over [J]. Science, 2004 (21): 1114-1115.

[18] OPEC Secretariat. World oil outlook 2045 [M]. Vienna: Austria, 2021.

[19] PINDYCK R S. Gains to producers from the cartelization of exhaustible resource [J]. Review of Economics Statistics, 1978 (2): 238-251.

[20] KAUFMANN R K, ULLMAN B. Oil prices, speculation, and fundamentals: Interpreting causal relations among spot and futures prices [J]. Energy Economics, 2009, 31 (4): 550-558.

[21] CONSIDINE T J, HEO E. Price and inventory dynamics in petroleum product markets [J]. Energy Economics, 2000 (22): 527-547.

[22] 常泽鲲. 世界石油地缘新图景下的石油安全问题：兼对中国石油安全问题的战略思考 [J]. 国际问题研究, 2004 (2): 67-69.

[23] 范嘉松. 中东地区形成世界级碳酸盐岩油气田的基本要素 [J]. 海相油气地质, 2003 (8): 61-67.

[24] 冯开明. 可控核聚变与ITER计划 [J]. 现代电力, 2006, 23 (5): 82-88.

[25] 冯连勇, 赵林, 赵庆飞, 等. 石油峰值理论及世界石油峰值预测 [J]. 石油学报, 2006, 27 (5): 139-142.

[26] 樊明武, 李志学. 美日石油安全储备对我国建立战略石油储备的启示 [J]. 油气储运, 2007 (7): 2-6.

[27] 韩立岩, 甄贞, 蔡立新. 国际油价的长短期影响因素 [J]. 中国管理科学,

2017，25（8）：68-78.

[28] 黄晓勇. 市场力量是国际油价大幅波动的根本原因：评王能全先生的《石油的时代》[J]. 管理世界，2019，35（9）：195-197.

[29] 林威. 低油价下中国油气公司如何实现海外资产保值[J]. 财务与会计，2016（22）：26-27.

[30] 石油工业部科学技术情报研究所. 美国能源安全问题：美国能源部向里根总统递交的一份研究报告[C]. 北京：石油工业部科学技术情报研究所. 1987.

[31] CLO A. 石油经济与政策[M]. 王国梁，等译. 北京：石油工业出版社，2004.

[32] 美国国家能源政策研究组. 美国国家能源政策[M]. 国土资源部信息中心，译. 北京：中国大地出版社，2001.

[33] 斯泰格利埃诺. 美国能源政策：历史、过程与博弈[M]. 郑世高，刘晓青，孙旭东，译. 北京：石油工业出版社，2008.

[34] 樊缪斯. 现代石油经济学[M]. 施鸿熙，卢爱珠，杨伯超，等译. 北京：石油工业出版社，1985.

[35] 林伯强. 现代能源经济学[M]. 北京：中国财政经济出版社，2007.

[36] 刘卫国，郑垂勇，徐增标. 浅析我国石油安全战略体系的构建[J]. 生态经济，2007（2）：68-72.

[37] 刘希宋，韩冬炎，崔立瑶，等. 原油价格研究[M]. 北京：经济科学出版社，2006.

[38] 刘宗明，吴正倩. 国际油价冲击、中国原油进口"低弹性之谜"与双维非对称动态[J]. 资源科学，2018，40（2）：227-236.

[39] 李金叶，贾瑞卿. 国际油价波动对中国能源多元化选择的影响[J]. 新疆大学学报（哲学·人文社会科学版），2016，44（2）：10-16.

[40] 李小地，张永峰. 中美石油生产与消费历史对比研究[M]. 北京：地质出版社，2007.

[41] 李艳丽. 美国的FTA战略与石油安全[J]. 国际经济合作，2007（12）：75-80.

[42] 马宏. 国家生命线：中外国家石油安全战略比较与启示[J]. 中国软科学，1998（12）：30-34.

[43] 马卫锋. 构建石油金融体系：中国石油安全的战略选择[J]. 资源科学，2005，27（6）：18-21.

[44] 齐中英,朱彬,鞠晓峰. 欧佩克行为对原油价格波动的影响分析 [J]. 哈尔滨工业大学学报(社会科学版),2006,8(1):43-46.

[45] 苏均和. 国际油价波动的影响、趋势及对策 [J]. 宏观经济管理,2015(3):58-60.

[46] 王礼茂. 中国资源安全战略:以石油为例 [J]. 资源科学,2002,24(1):5-10.

[47] 魏巍贤,林伯强. 国内外原油价格波动性及其互动关系 [J]. 经济研究,2007(12):130-141.

[48] 吴周恒. 发展中国家油价宏观调控政策的选择 [J]. 统计与决策,2020,36(5):145-148.

[49] 谢楠,龚旭,林伯强,等. 中国石油需求与全球石油库存对国际油价的影响研究 [J]. 当代经济科学,2018,40(4):21-28,124-125.

[50] 杨言洪. 海湾油气与我国能源安全 [M]. 北京:对外经济贸易大学出版社,2010.

[51] 张建平. 美国政府维护石油安全的措施和机制 [J]. 科学学研究,2002,20(1):57-61.

[52] 张跃军. 国际油价暴跌对宏观经济的影响及对策研究 [J]. 中国地质大学学报(社会科学版),2020,20(2):153-156.

[53] 章奇. 美国的石油安全战略以及战略石油储备计划与管理体制 [J]. 国际经济评论,2005(4):52-54.

[54] 查道炯. 中国石油安全的国际政治经济学分析 [M]. 北京:当代世界出版社,2005.

[55] 中国石油经济技术研究院. 世界石油工业统计2007 [C]. 北京:中国石油经济科技研究院,2007.

[56] 周云亨,王双. 国际油价的走势及对中国能源安全的启示 [J]. 新视野,2017(1):95-100.

[57] 毛杰里. 石油!石油![M]. 夏俊,徐文琴,译. 上海:格致出版社,2008.

[58] 张珣,汪寿阳. DAC方法论及其在国际原油价格波动分析与预测中的应用 [M]. 北京:科学出版社,2010.